産学連携でつくる多文化共生

カシオとムサビがデザインする日本語教育

三代純平・米徳信一 編

くろしお出版

はじめに

本書は、カシオ計算機株式会社（以下、カシオ）と武蔵野美術大学（以下、ムサビ）による産学共同プロジェクトの3年間の歩みを記録したものです。本プロジェクトは、日本語教育の一環として取り組まれ、留学生、日本人学生、教員、企業、そして社会全体が学び合いながら多文化共生とは何か、多文化化する社会において私たちにできることは何かを考えていくことを目的としています。

私たちは、「にっぽん多文化共生発信プロジェクト」と銘打ち、日本の多文化社会を支えている人たちへの取材を通し、現場の声、そして、自分たちが感じたことや発見したことを映像にして発信してきました。このプロジェクトを通じて私たちが学んだことを共有すること、さらに本書による発信を通じて、学び合いの場を拡張し、一人でも多くの方が多文化社会に主体的に参加し、その一員として共に生きる社会をつくっていくことが本書の目的です。

産業を担う企業と、学問を担う大学が連携し、取り組む事業を「産学連携」、あるいは「産学共同」（以下、産学）といいます。本書もこの産学の一つであり、言語教育における産学の先駆的な事例となると思われます。一般的に産学による事業は、研究目的と教育目的のものに分けられます[1]。研究目的の産学は、大学の基礎研究と企業の応用研究を結集し、イノベーションを生むような開発事業です。理系の大学院を中心に行う産学、たとえばモノづくりをするようなプロジェクトが想像しやすいでしょう。一方、教育目的の産学は、大学において批判的思考力を高め、知的な創造力を育成する上で企業の現場の知を活用するというもので、企業側には、現場で活躍できる人材を育成するという目的があります。

本プロジェクトは、教育目的の産学にあたります。ただし、企業の現場の知を活かし、企業で活躍できる人材育成を直接的な目的とするのではなく、日本がこれからめざす多文化共生社会という、ある意味、未知の世界への道を、産学で連携しながら探究していくプロジェクトです。モノの開発は行いませんが、遠くに「新しい価値＝コト」のデザインを見据えた取り組みです。

また、このプロジェクトの大きな特徴は、大学の日本語のクラス、つまり日本語教育として実践していることです。従来、産学は、理工系、経営系の教育機関で積極的に行われてきました。ムサビでもデザイン系を中心に産学を展開しています。ことばの教育が産学に取り組んだ例は、非常に限られていると言います。しかし、新しい時代へ向けた「対話」への社会的ニーズは高まっており、企業が学生に求める社会人基礎力においてもコミュニケーション能力は重要な位置を占めています。社会全体でコミュニケーションを学び、社会全体が対話を保障、推進するようになるために、いわば、社会自体がコミュニケーション能力を獲得するために、皆が学び合う場として産学共同プロジェクトが非常に有意義であると私たちは考えます。

本書は、以下のような方と、私たちの経験を共有したいという想いから執筆されています。

・産学連携について関心がある人

・日本語教育に関心がある人
・コミュニケーションに関心がある人
・プロジェクトワークやアクティブ・ラーニングに関心がある人
・多文化共生に関心がある人
・外国人人材と共に仕事をしている人

本書の1章では、今回の産学がいかにして企画されたのか、そして、どのような教育的背景を持った取り組みなのかを説明します。2章から4章では、3年間のプロジェクト実践を紹介します。5章は、映像制作の立場から見たプロジェクト全体の意義について論じます。6章は、ムサビとカシオのメンバーを交えた座談会の記録です。特に企業側から見たこのプロジェクトについて述べています。7章では、3年間の経験を総括し、改めて産学で言語教育に挑戦する意義と、取り組む際に意識すべき点をまとめています。なお本書は、これから産学連携や多文化共生の事業、あるいは日本語教育に携わる人と、現場での経験を共有したいという想いから、著者の視点や主観的な感想、エピソードなどを意識的に記述するようにしました。時に冗長と感じられるかもしれませんが、ご容赦ください。

注)
（1）清成忠男（2000）「産学連携：意義と限界」『組織科学』34（1）、4-11.

目次

第1章

社会でことばを学ぶ、社会がことばを学ぶ

1. カシオとムサビがタッグを組んだ

なぜ、カシオとムサビがこのプロジェクトを始めることになったのか。そのきっかけは、2016年春の日本語教育学会でした。当時、私（三代）は、社会の問題をコミュニケーションで解決することを学ぶ実践として公共CMを制作するという日本語の授業を行っていました[1]。留学生から見た日本社会の課題を探り、その課題を改善するためのメッセージを公共CMという形で表現する実践です。ある学生たちは、フリーハグをモチーフに、文化を超えて心をつなぐ大切さを伝える映像をつくりました（写真1－1）。

この実践について学会で発表したところ、懇親会で研究者とは異なる匂いを放つ男性が声をかけてきました。最初は教材のセールスかと思い、警戒しつつ名刺を受け取ると、そこに「カシオ計算機・小川宗之」とありました。これが小川さんと私の出会いであり、このプロジェクトが動き出す最初のきっかけとなりました。小川さんは、映像制作という実践に新しい日本語教育の可能性を感じ、カシオとムサビで一緒に何かできないかとわくわくするような提案をしてくれました。

当時、小川さんは、カシオで電子辞書の商品企画を担当していました。海外での、特にASEAN地域での日本語学習熱の高まりから、日本語学習教材を搭載した日本語学習電子辞書の開発に携わっていて、日本語教育に大変高い関心を持っていました。小川さんの情熱に背中を押される形で、このプロジェクトは始まりました。何回か打ち合わせを重ね、日本留学の魅力を伝えるCMを制作するこ

写真 1-1．2015 年度制作の公共ＣＭ「ハグも愛もリレーする」

とに決まりました。当初、日本語学習電子辞書をプロモーションするためのＣＭづくりを打診されましたが、日本語教育の一環としてプロジェクトを遂行するのならば、商品のプロモーションよりも、留学生が日本留学の意味を見つめ、その価値を自分たちの目線で伝える活動にしたいと思いました。また、その頃から留学生を対象とした日本語の授業に、日本人学生も参加できるようにしたいと考えていました。日本人の学生にとっても、留学生と一緒に日本留学の価値を考えることは、普段と異なった角度から日本社会を考えるいい機会になると思いました。そこで、カシオ側と相談し、日本語学習を促進するような映像をつくることになりました。

日本語の授業として公共ＣＭをつくる実践を行っていましたが、映像制作の授業ではないので、映像作品としてのクオリティは必ずしも求めませんでした。当時の受講生には映像学科の留学生も多く、もともと映像編集の経験のある学生が中心になって作品をつくっていました。私自身は映像編集の知識も経験もないので、カシオという大企業との連携で映像をつくるにあたり、映像の指導ができる教員との協働が必要だと考えました。そこで、映像デザインが専門である米徳さんに相談をしました。ほかの授業を一緒に担当していたこともあり、米徳さんは二つ返事で快諾してくれました。これでなんとかプロジェクトが始められると安堵しました。その時は、このプロジェクトが3年以上も続くとは夢にも思いませんでした。

詳細については2章で改めて述べますが、この1年目の成果と反省点を踏まえ、またカシオ側の本プロジェクトの位置付けの変化、日本語学習電子辞書のプロモーションからCSR（Corporate Social Responsibility; 企業の社会的責任）を中心とした取り組みにシフトしたことも重なり、2年目から「にっぽん多文化共生発信プロジェクト」という名称で、多文化社会を支える活動や人を取材し、ドキュメンタリー映像として発信するというプロジェクトになりました。

2. 多文化共生って何だ？

本プロジェクトの大きなテーマである「多文化共生」ということばが日本で語られるようになったのは、主に2000年代以降です。1980年代のバブル経済を受けて、東アジア諸国からの私費留学生受け入れの大幅な拡大、出入国管理法の改正による日系人の来日などを通じて、日本で暮らす外国につながる人の数は大きく増加してきました。多様な文化背景を持つ住民が地域社会に増えたことで、さまざまな文化が共存する新しい社会のあり方が意識され、議論されるようになってきました。それを象徴することばが「多文化共生」です。２０２０年現在では、留学生として、労働者として、家族として、本当にさまざまな形で、外国につながる多くの方が日本で暮らすようになっています。

多文化化する日本社会

在留外国人の数は、１９９０年に約１１０万人だったのが、２０２０年現在は約２８０万人と、３０年間で2.5倍以上に増加しています（表1－1）。電車に乗るとどこからか外国語が聞こえてきたり、クラスに外国につながる児童・生徒がいたり、レストランやコンビニに外国人の店員がいるということは、日常的な風景となりました。

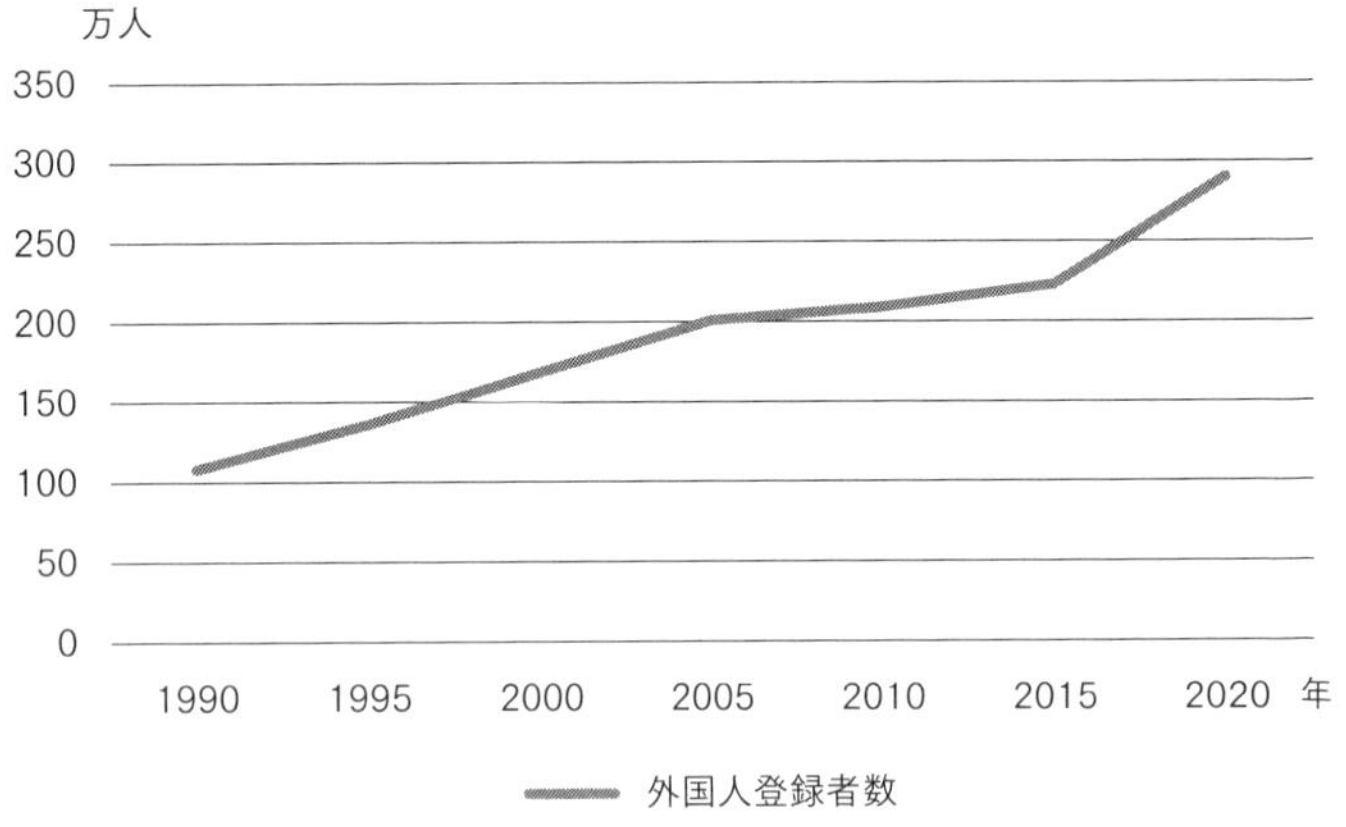

表 1-1. 在日外国人数の推移[(2)]

背景には、世界的なグローバル化に伴い、国境を越えた人の往来が当たり前になったことや、日本の少子高齢化によって労働人口が不足しているという差し迫った事情などがあります。２００６年に、総務省は「地域における多文化共生推進プラン」(3)を策定し、各地方公共団体における多文化共生施策のためのガイドラインを示しました。このガイドラインに沿って、多くの自治体は地域の多文化共生を支える取り組みを行ってきました。その10年の成果は、２０１７年に「多文化共生事例集」(4)として報告されています。たとえば、各自治体の情報提供を多言語表記で行う、地域住民のための日本語教室を設置する、防災に関する啓発を行うなどの取り組みがあります。

多文化共生を考えることは、まさに今日の日本の社会的課題であり、国家や自治体のプロジェクトとして、草の根の活動として、多くの人々が、その実現に向けて取り組んでいます。

多文化共生の意味

このような社会情勢の中、一般にも徐々に多文化共生ということばが浸透しているように思われます。ただ、少し意地の悪い言い方をすると、多文化共生ということばが、ふわっとした良いイメージを伴い、一つの常套句のようになっているような危うさも覚えます。

では、多文化共生とは、一体、何でしょうか。どういう意味で、どのような状態なら、私たちは多文化共生が実現したと言えるのでしょうか。実は、これは非常にやっかいな問いです。万人が納得するような多文化共生の定義があるわけではありません。専門家の間でも意見は分かれていますし、一般の人でも、このことばのイメージはまちまちでしょう。多文化共生を議論する際によく引き合いに出されるのが、2006年に総務省が発表した「多文化共生の推進に関する研究会報告書」[5]による「多文化共生」の定義です。

国籍や民族などの異なる人々が、互いの文化的ちがいを認め合い、対等な関係を築こうとしながら、地域社会の構成員として共に生きていくこと。

多様な文化背景を持つ住民が増加し、彼ら／彼女らの文化を尊重しながら、一緒に地域社会をつくっていく姿勢を示したわかりやすい定義になっています。大きなイメージの共有としては、このような多文化共生観でいいと思います。ただし、ちょっと立ち止まって考えると、さらに検討していかなければならない点があることに気がつきます。

まず、文化とは何か、それをどう捉えるのかということです。日本でも、東京と大阪では大きな文化差があることは知られています。また、大阪人だからと言って皆がお笑い好きとは限りません。しかし、出身国の異なる人と人の間で行われるコミュニケーションでは、とかく「国」と「国」の文化が際立ちます。たとえば、私は韓国の高校で日本語教師をしていた経験がありますが、日本に関心を持ち日本語を勉強してくれている学習者にありがたいと思う一方、自分が「日本人」の代表のように見られるたびに戸惑いを覚えました。ある特定の国や民族の文化に代表される、集団の特性を画一的に捉えてしまうことをステレオタイプと言います。多文化共生を考える上で、相手の文化を尊重することは大切です。ただし、それがステレオタイプにならないように気をつけることも大切なのです。

また、文化は国や民族にだけ存在するわけではありません。たとえば、企業文化、若者文化というように、社会的な集団にも文化はあります。ならば、国や民族だけではなく、多様な背景を持つ人のそれぞれの文化を尊重し合うということが、多文化共生の考え方の一つと言えるかもしれません。近年は、「ダイバーシティ」ということばもよく使われるようになってきました。ダイバーシティとは、多様性を意味しますが、経営の世界などでは、国籍、年齢、性、宗教、価値観といったあらゆる多様性を積極的に認め、多様な人材の活用により企業を活性化することを言います。社会においても同様に、多様な人材が活躍できる環境をつくり、社会をより豊かに発展させることを含意し、ダイバーシティの重要性が認識されています。これは、多文化共生と通底しているものがあると言えるでしょう。

多文化共生においても、ダイバーシティにおいても、何よりも大切なことは、多様な背景、そこにある文化の違いを意識しながらも、目の前にいる他者としっかりと信頼関係をつくり、その相手と同じコミュニティで共に生きるということです。

このように、文化や個人の多様性を尊重するという理想を共有できたとします。次の課題は、この理想に向かって私たちはどうすればいいのか、ということです。大きな理想を共有できても、実際、目の前の現実で対立してしまうというのはよくあることです。たとえば、多文化共生は大切だと思っている人でも、外国人のゴミの捨て方は許せないので近所には住んでほしくないという問題が地域ではよく起こります。社会人が「近頃の学生は」と苦言を呈することや、もっと言えば、自分とは異なる価値観を持つ他人を許容できないことも、多文化共生を認める態度とは言えないのかもしれません。私を含め多くの人にとって、具体的な生活、日々の実践で、理想を現実化するのは簡単なことではありません。

多文化共生がこれからの日本社会に必要な理念であるということは、まず間違いないと言えるでしょう。しかし、それが一体どのような理念なのかということは、もっと議論が必要です。それを日常の中で、私たち一人ひとりが実践していくためにはどうすればいいのかというのは、さらに検討が必要です。もちろん、私自身にも明確な答えがあるわけではありません。なぜなら、これは、新しい社会をつくるという日本社会全体の大きな挑戦だからです。

大学とは、これから社会に参加していく学生たちが、自ら社会の課題を考え、答えのない問いに向き合っていく場所です。であれば、多文化共生とは何か、そしてそれはどう実現すれば良いのか、この問いに答えるべく対話を重ねていくことが、まずは多文化共生の第一歩になるはずです。そのような想いから多文化共生について学生たちと、そして社会と共に考える場をつくるというのを第一の目標に、このプロジェクトは企画されました。

3. 日本語教育をひらく

このプロジェクトは、日本語教育の一環として、ムサビの上級日本語クラスを中心に実践されています。「なぜこれが日本語の授業なの？」という質問をいろいろな方から受けます。実は、日本語教育を専門とする方からそういう質問を受けることは、あまりありません。専門の異なる同僚や、学生たちの取材に協力してくださった方からそういう質問を受けます。私たちが子どもの頃に受けた英語の授業などが言語教育のイメージを形づくっているからかもしれませんが、言語教育の専門家と一般の方との間に、言語学習に対するイメージの乖離があるようです。そこで、なぜ、このプロジェクトが日本語教育なのかについて説明したいと思います。

日本語教育とは？

そもそも日本語教育とは何でしょうか？　これも実は、多文化共生と同じように答えるのが難しい問いです。小学校などの学校教育で私たちが「日本語」を勉強する科目は、通常「国語」と呼ばれています。それに対し、日本語を母語としない人、たとえば初めて日本語を学ぶ外国人のほか、国際結婚の家庭に生まれた子ども、あるいは親の都合により海外からの帰国生として日本に戻ってきた人たちなどに日本語を教えることを「日本語教育」と呼びます。しかし、そもそも母語とは何かという問題もあり、この捉え方も専門家によってさまざまです。きっと本書を読み終えていただくと、「日本語教育」の定義の難しさと、なぜこのプロジェクトに留学生と日本人学生が協働で取り組むのかが見えてくると思います。

日本語教育とは、単に知識や道具として「日本語」を教授することだけではありません。日本語ということばでコミュニケーションをとること、そしてコミュニケーションを基盤に社会でよりよく生きていくことを支えるまでが、日本語教育の射程です。日本語教師は意識的か無意識的かこの感覚がありますが、そのため、日本語教育の専門家なら本プロジェクトが日本語教育であるということは直感的にわかる人が多いのではないかと思います。

文化やことばの異なる人を受け入れ、共に生活する上で、大きな役割を担うのが、ことばの教育です。だからこそ、多文化共生を考える際に一つの核になるのが日本語教育なのです。近年、改めて日本語教育の重要性が社会で認識されるようになってきました。2019年には、多文化共生社会の実現に向けた日本語教育環境を包括的に整備するために「日本語教育の推進に関する法律」が成立しました。社会全体で日本語教育を推進していくことが、法律によって決められたのです。日本語教育は、多文化共生社会という日本の新しいビジョンをひらくための一つの鍵になると私は思います。

ことばを学ぶということ

日本語教育の一環として企画された本プロジェクトの背景にある学習理論について、もう少し説明しておきたいと思います。

ことばを学ぶということは、単語をたくさん覚えたり、文法を正しく理解したりすることだけではありません。そのことばを使って、自分の希望を実現すること、あるいは、実現をめざして行動することが、ことばを学ぶ目的です。たとえば、留学生は入学試験に合格するため、そして入学後に授業を理解するために日本語を学びます。また留学生にとって、大学の勉強だけがすべてではありません。日本人の学生たちと友人関係をつくったり、アルバイトをしたりするためのコミュニケーション能力も必要になるかもしれません。一方、外国につながる地域住民にとっては、買い物など日常生活に必要なコミュニケーションから、子どもが通う学校から届く手紙などを読むことも必要になります。人それぞれ異なった目的でことばを学び、そして異なったことばの力が必要であると言えます。さらに、限られた単語で、時に文法的な間違いがあっても、自分の意思をしっかりと伝えられることの方が大切な時もあります。また、意志が伝えられない時に誰かに支援を求めることができるということも重要なコミュニケーションの力と言えます。

それぞれの生活において必要な、あるいは自己実現に必要なコミュニケーションの力を身につけていくことが、ことばの学びの基本にあります。

実践コミュニティに参加する：正統的周辺参加

留学生ならば大学に入学し、そこで友人関係を築き、キャンパスライフを満喫しながら、専門性を身につけていくことをめざすでしょう。地域住民ならばその地域の一員として、自分の生活を築いていくでしょう。それを一言で言うならば社会参加です。この社会参加を支えているのがことばであり、コミュニケーションです。だからこそ、ことばの教育が大切になります。ただし、ここに重要な論点があります。ともすると、私たちは、前もって十分にことばを身につけることによって社会参加が可能になると考えがちです。しかし、実際に必要なことばは、必要な場面でこそ学ばれるのです。つまり、社会参加に必要なことばは、社会参加によってしか学ぶことはできません。

教育学では、正統的周辺参加と言われる学習理論があります。[6]「学び」を個人の中に蓄積される知識や能力として捉えるのではなく、「あるコミュニティの中に参加する過程とその過程で生じるコミュニティの変化全体」と捉えるのです。職人の工房を想像するとイメージがつかみやすいかもしれません。見習いの職人が、兄弟子たちの仕事を見ながら成長していく。そして、次第に重要な仕事をこなし、技術を磨いていく。最後には親方になるかもしれません。職人は、知識を教科書で学んだり、先生から手取り足取り技術を教えられることで一人前になるわけではありません。工房に所属し、そこで職人の一員として仕事に従事することで、次第に成長していきます。正統的周辺参加とは、周辺から次第に中心へと参加していく過程を学習と捉える学習論です。

ここで重要な点があります。学習は、単に個人の成長ではないということです。これは、私たちのプロジェクトにおいても肝になる点です。見習いが一人前になるプロセスはコミュニティの変化でもあり、見習いが習得していく技術はコミュニティに内在しています。見習いが成長することによって、コミュニティもまた維持・発展していくのです。そういうシステム全体を学習として捉えるところに、正統的周辺参加という考え方の特徴があります。工房のようにそのコミュニティの目的を共有しながら、構成員たちが実践を共有する集団を実践コミュニティと呼びます。学習とは、この実践コミュニティへの参加であると言えるのです。このような学習観の登場は、ことばの教育にも大きな影響を与えました。

マルチリテラシーズ

正統的周辺参加の登場は、それまでの社会参加のためのことばの教育という考え方に加え、社会参加を通じたことばの教育という観点を生み出しました。社会参加の経験をどのようにつくりだすかという学習環境のデザインが、ことばの教育においても重要になっているのです。

また、正統的周辺参加を批判的に発展させたことばの教育も検討されています。その批判の代表的なものは、既存のコミュニティに学習者が参加し、そのコミュニティに内在する技術や価値観を習得することだけでは必ずしもコミュニティの発展につながらないというもの、そして、実際の学習者は直線的に「親方」のような存在に向かっていくのではなく、それぞれコミュニティ内で多様なあり方をするというものがあります。

このような考え方から新しいことばの教育のあり方を提案したものとして、「マルチリテラシーズ」があります。(7) これは、2000年に社会言語学者や言語教育学者が集まり結成されたNew London Groupによって提唱されました。マルチリテラシーズでは、二つの多様性が強調されています。一つは、コミュニケーションを行うメディアの多様性です。インターネットの普及以降、コミュニケーションの手段は多様化しています。特に映像で情報を得たり、表現したりすることが身近になり、「見る／視る／観る」ということがコミュニケーションに占める割合は肥大化しています。従来の、読む、書く、話す、聞くという、いわゆる四技能を超えて、コミュニケーションを考える必要があります。もう一つは、ことばの多様性です。たとえば、一口に「英語」といっても、もはや一つのことばとして捉えることは困難です。イギリスとアメリカの英語が異なることは有名ですが、シンガポールや南アフリカの英語もそれぞれ異なります。一つの英語を特権化するのではなく、その複数性を積極的に認めることが強調されます。日本語でも、いわゆる標準語、あるいは「日本人」の日本語を特権化するのではなく、方言や外国人の話す日本語も含め、日本語のあり方を捉え直していく必要があるのです。

マルチリテラシーズでは、この二つの多様性を踏まえ、ことばの教育において、「デザイン」が重要になると主張します。ここで言うデザインとは、既存の意味を批判的に検証し、既存の意味をリデザイン（redesign）していくことで、新しい意味をつくりだしていくということです。つまり、マルチリテラシーズのめざすことばの教育とは、既存のことばや、そこに内包される価値をそのまま習得することではなく、新しい時代に向けて、新しいことばや価値を共につくりだしていく教育なのです。

越境による学習

もう一つ、正統的周辺参加の提起した学習論を批判的に発展させたものとして、「越境による学習」があります。越境による学習は、近年、看護や経営の領域を中心に盛んに議論されています。正統的周辺参加が描いた学習モデルは、職人の工房での成長のように一つのコミュニティへの参加を前提としていました。しかし、現実の私たちは、学校、サークル、アルバイト先のように複数のコミュニティを横断しながら生活しています。この複数コミュニティへの参加も新しい学びを生み出すとして、越境による学習が議論されています。(8)

越境による学習では、一つのコミュニティへ参加し、技術を磨いていくような従来の学びを垂直的学習と呼びます。一方、コミュニティを越境することで、異なる価値観に触れ、新しい価値を創造するような学びを水平的学習と呼びます。イノベーションにつながるような学びは、この越境を伴う水平的学習により実現すると言われています。

越境し、学び合う場としての日本語教室

さて、なぜ、本プロジェクトが日本語教育なのかという問いに戻りましょう。

確かにこのプロジェクトは教科書で体系的に日本語の文法を学ぶことはしません。しかし、複層的に社会参加が組み込まれていて、さまざまな越境から参加者たちが学び合うことが期待されていま

す。そして、多様な背景の人が出会い、学び合うことで、既存の価値から新しい価値をつくっていくことがめざされています。

まず、留学生と日本人学生、さらには産学連携により日本企業で働く社員が参加します。特定のことば、たとえば、企業で使用されるビジネス日本語に収斂されていくことはしません。皆が対話を通じて、お互いの理解を図っていきます。

次に、取材という行為を通じて、大学の外の社会へ越境していきます。そこは学生たちにとっても企業の社員にとっても未知の世界で、そこで新しいコミュニケーションを経験します。

さらに、自分たちが見たものの意味を省察し、ドキュメンタリーという映像にまとめ、社会に向けて発信するという活動は、自分たちで新しいことば、意味、価値をつくりだし、それを社会と共有しようという試みです。

つまり、このプロジェクトは、多様な社会参加を通じてことばを学び、そこでの学びから新しいコミュニケーションをつくりだしていくということばの教育なのです。そして、新しいコミュニケーションは、多文化共生社会で私たちが共に生きていくためのコミュニケーションであり、それを学ぶのは、留学生だけではなく、日本人学生や企業、教員、そして社会全体でなければならないのです。このプロジェクトは、個人がことばを学ぶのはもちろんのこと、社会全体が新しいコミュニケーションを経験し、学び合いながら共に社会をつくっていくことをめざしています。日本語の教室とは、そのような新しいコミュニケーションを経験できる場所のことなのだと私は考えています。

4. ムサビの日本語教育

2章から4章で実際のプロジェクトについて紹介するにあたって、このプロジェクトが行われた枠組みについて確認しておきたいと思います。

カリキュラム上の位置付け

ムサビの日本語クラスは、文化総合科目Ⅱ類という教養科目の実技・演習系のクラスに分類されています。外国語、音楽、体育などの授業がこれに相当します。学部生は、卒業までに16単位を取得しなければなりません。本プロジェクトの参加者の多くは、後期に開設されている「上級日本語」という授業の履修者です。教養科目のため、学部生全員にひらかれており、ファインアートからデザイン系まで13学科の学生が履修できます。

ムサビでは、外国語科目が選択制になっており、とりたい科目を選んで履修できます。卒業単位として16単位が課されているため、実際はほとんどの学生が、日本語のほか、英語、フランス語、韓国語などから複数の授業を選択しています。従来、日本語の授業は、留学生対象の授業として開講されていました。しかし、前述したように、これからの日本社会で、多様な背景の人々が「日本語」でコミュニケーションをとっていく場合、そのことばの学び手、あるいはつくり手は、この社会のメンバー皆にひらかれている必要があります。このような想いから、本プロジェクトのようにプロジェクトを基本とした上級日本語クラスに限っては、大学と協議し、国籍や母語にかかわらず、誰でも履修できるように制度を変更しました。

ムサビの留学生の入学要件は、日本語能力試験のN2以上となっているため、留学生の日本語のレベルは、基本的に一定の水準を超えています。その中で、初級・中級・上級の3レベルで日本語のクラスを開講しているため、上級レベルを履修する留学生の日本語のレベルは、総じて高くなっています。初級・中級日本語クラスでは発音や漢字などの技能別のクラスや日本語能力試験対策などの授業も開講されていますが、上級日本語クラスは、プロジェクト型の授業が中心です。本プロジェクトのほかにも、地域の国際交流イベントを企画する授業などが行われています。

5つの「つながる」：日本語教育の理念

ムサビの日本語教育では、5つの「つながる」を通じてことばを学ぶことを理念に掲げています。①他者とつながる、②専門とつながる、③地域とつながる、④社会とつながる、⑤将来とつながる、の5つの「つながる」です（図1－1）。

専門や背景の異なる学生や教員と出会い、互いに学び合うこと、また専門の知識や技能をしっかり身につけること、大学の外にある地域と交流しながら自分と専門と社会を結びつけていくこと、さらに視野を広げ、社会の課題を解決するような創造力を身につけること、そして、これらの「つながる」を通じて自分の将来と結びつけていくことを、ことばの教育から支えていくことがムサビの日本語教育の目的と言えます。

本プロジェクトでは、グループワークを通じて、学生同士のつながりを基盤に学びを進めます。そして、ドキュメンタリー映像という作品づくりを通じて、専門であるアート・デザインとことばを結びつけると同時に、取材という行為や産学連携を通じて社会とつながっていきます。さらに、これらの経験を自身の将来とつなげてほしいという想いが込められています。つまり、多様なつながりを通じて、自身のキャリアを形成する糧とすることが学生に期待された、キャリア教育の一環となっています。

芸術文化学科・米徳ゼミとの協働

最後に、上級日本語クラスと協働で、本プロジェクトに携わる芸術文化学科の米徳ゼミについて簡単に説明しておきます。このプロジェクトで

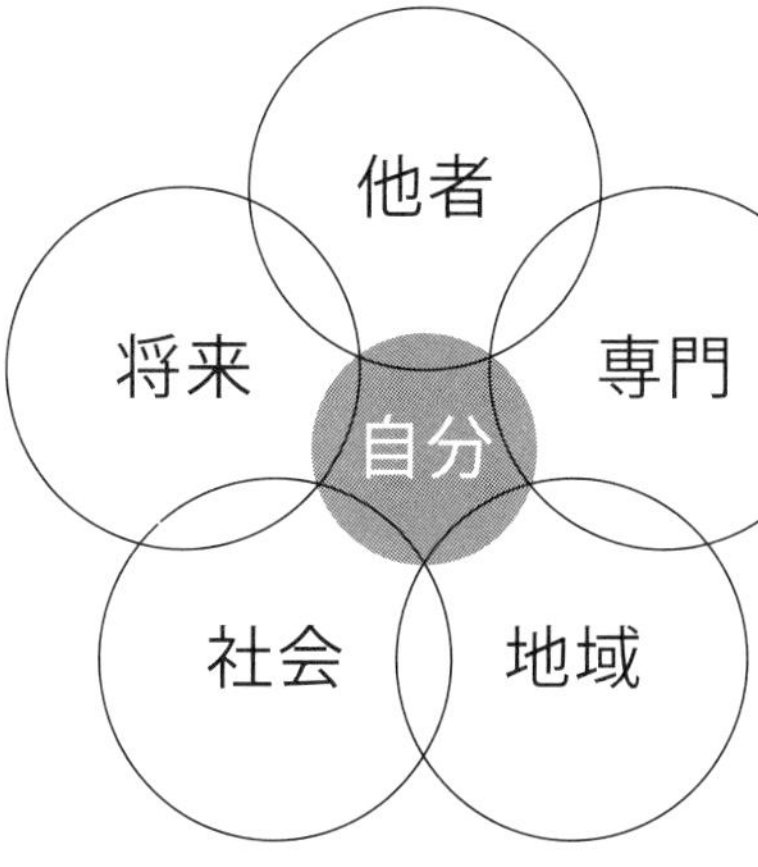

図 1-1. 5つの「つながる」

は、上級日本語クラスが制作する映像作品とは別に、米徳ゼミの学生たちがドキュメンタリー映像を制作しました。米徳さんはプロジェクトの話を持ちかけた時から、プロジェクト自体を記録する必要性について考えていたそうです。プロジェクトは、ある一定期間、さまざまな人々が協働して行う事業です。終了すれば、成果物は残すことができますが、半年間のプロセスは残りません。このプロジェクトは、取り組みのプロセスそのものに意義がありますので、米徳ゼミにおいて映像を学ぶ学生が、上級日本語のクラスや、チームごとの撮影現場に赴いてその様子をドキュメントするという仕組みはとても重要でした。このドキュメンタリー映像があることによって、多文化共生について学生と企業の社員が学んでいく過程そのものを追体験し、視聴者が、共に多文化共生について考えることができるようになっています。

注）

（1）三代純平（２０２０）「意味と学びのデザイン：メディア・リテラシーとしての公共ＣＭ制作」西口光一編『思考と言語の実践活動へ：日本語教育における表現活動の意義と可能性』ココ出版、pp. 65-85.

（2）法務省入国管理局（２０１３）「登録外国人の概要」（http://www.moj.go.jp/content/000115700.pdf）および、法務省入国管理局（２０１９）「平成30年末現在における在留外国人数について」（http://www.moj.go.jp/nyuukokukanri/kouhou/nyuukokukanri04_00081.html）をもとに筆者作成。

（3）総務省（２００６）「地域における多文化共生推進プラン」（https://www.soumu.go.jp/main_content/000400764.pdf）

（4）多文化共生事例集作成ワーキンググループ「多文化共生事例集：多文化共生推進プランから10年　共に拓く地域の未来」総務省（https://www.soumu.go.jp/main_content/000476646.pdf）

（5）総務省（2006）「多文化共生の推進に関する研究会報告書：地域における多文化共生の推進に向けて」p. 5.
（6）レイヴ・J、ウェンガー・E、佐伯胖訳（1991／1993）『状況に埋め込まれた学習：正統的周辺参加』産業図書
（7）The New London Group (2000). A pedagogy of Multiliteracies: Designing social futures. In Cope, Bill & Kalantzis, Mary (eds.), *Multiliteracies: Literacy Learning and the Design of Social Futures*, pp. 9-37, London & New York: Routledge.
（8）香川秀太・青山征彦編（2015）『越境する対話と学び：異質な人・組織・コミュニティをつなぐ』新曜社

多文化共生への「もうちょっとの勇気」

小川宗之（カシオ計算機事業戦略本部教育ＢＵ学販担当室長）

日本語を学ぶ人々との出会い

私はカシオに入社し、当時まだ携帯電話も発達していない時代に、持ち歩けて管理できる電子機器として、電子手帳のソフト開発を担当しました。アドレス帳、スケジュール表、リマインダー、メモ帳、世界時計、単位換算機能、電卓機能など、現在のスマートフォンの先駆けになる多種多様なソフトを、アセンブラ言語を駆使しながら開発していました。もう30年も前の話です。

その後は、ロングセラーとなった電子辞書の初号機の仕様設計を担当しました。教育現場の先生や学生、出版業界の方にヒアリングを実施しながら、教育に必要なデジタル機器とは何かを長年追い求めて、遅くまで働いていたことを今でも覚えています。

２００２年に転機が訪れます。カシオは電卓で有名なメーカーですが、日本から中国へ生産を移行する世の中の流れもあり、中国生産に拠点を移し、事業の安定と拡大を図ります。私は香港へ３年間駐在し、仲間と一緒に汗水を流すことになります。これが今となればとても良い経験、一生の財産となりました。

右も左もわからない中、電卓の商品企画を進めるにあたり、現地の香港人の若手スタッフが、広東語のできない私を日本語で懸命にサポートしてくれたのです。日本企業に尽くして、日本を愛してくれていて、緊急なトラブルも無理難題も見事に期待に応えてくれました。今世界で販売されている数多くのカシオ電卓も、その当時に企画開発されたモデルがまだ数多く残っており、とてもうれしく感じています。

香港で得た多くの財産と日本で得た開発経験を活かして、世界中にいる多くの日本ファンに対して貢献したいと思うようになりました。帰国後、海外プロジェクトに参加し、日本語を学ぶための商品企画の担当になります。母語で日本語を学ぶことができる日本語学習電子辞書を開発するべく、韓国や中国の有名大学、大手出版社の協力を得ながら、10数年の間、渡り歩きました。

世界の日本語学習者は300万人を超え、ASEAN地域の子どもたちにも日本語学習が加速度的に普及しています。日本企業に勤めたい、日本語を学びたいという子どもたちが数多くいることに気づき、感動し、2015年、ついに念願のASEAN地域への調査を開始しました。ベトナム、タイ、インドネシアを中心に、現地に赴き、日本語教育で有名な大学、国際交流基金、現地大使館の協力もいただきながら、ヒアリングを重ねました。韓国・中国のような日本語教育先進国とは学習環境が大きく異なることをまず理解しつつ、日本語を学ぼうとする意欲は皆同じであるということを確信しました。しかし、日本語を学びたいのに電子辞書を購入できる環境ではない。これは、企業にとっても大きな課題となったのです。

2015年春、私たちはこれまでの経験から、世界で学ぶすべての若者たちのために日本語教育に貢献したいという想いから、新しい日本語学習電子辞書の企画の検討に入りました。

環境に負けずに日本語を教える現地の先生方の姿、そして、限られた環境の中で勉強する子どもたちの姿を目にし、どのようなサービスを提供できるのか、問題は山積していますが、諦めてはいけないと決意しました。

この課題は、お客様のご意見、ご要望を一番に尊重して取り組んでいくという新しい商品開発プロセスと同じです。協力するメンバーが多いほど、課題を打破するイノベーションが起こせるはず。一緒に行動し、協力したいという意思を伝えていこう、思っていることを素直に伝えていけばいい、協力者さえいれば、一人でなければ、そんな難しいことではないはずです。私は協力していただける日本語教育の有識者を探しました。

もうちょっとの勇気：三代さんとの出会い

2016年の春、目白大学にて日本語教育学会の春季大会が開催されました。公共CMの制作プロジェクトについて発表していた武蔵野美術大学の三代さんとの出会いです。この時、直感的に「この人と話さなければ」と考え、講演終了後、名刺片手に階段を駆け下りて三代さんに挨拶したことを記憶しています。日本語教師は教育者特有の信念の強い方が多いのですが、まれに柔軟性に富んで、かつ真っすぐに聞き手に突き刺さる発信をされる方がいます。まさにここは、この人とならやっていけるという直感でした。

一方的に「日本語教育のことを教えてほしい」と、次の約束を取り付けました。私のモットーとして、初対面の方には「必ず2回会おう」と意識しています。2回会ってしっかり話さないと、相手の考え方も性格も、置かれている状況も何もわからないのです。会うチャンスは相手次第ですが、こちらからアプローチをかけなければ何も始まりません。1回目は「声をかける勇気」、2回目は「もうちょっとの勇気」です。多文化共生にはさらに「相手を知る勇気」が加わり、とても重要な行動だと思います。それは「相手に興味を持つこと」ではないでしょうか。

産学共同プロジェクトの本格始動と期待

幸い共感してくれるメンバーが社内には数多くいました。彼らと共に、このプロジェクトをどのように進めればいいか、事業貢献なのか、社会貢献なのか、葛藤しながら、前に進みました。いろいろな部署の人たちが力を貸してくれ、異なる立場から意見交換を積み重ねました。

2016年の初夏、武蔵野美術大学に2回目の訪問をしました。カシオからは、中国支社での数多くの経験から日本語教育に貢献してきた吉田さん、デザインという立場でさまざまなプロジェクトに携わって多角的な視点を持つ西本さんの3名で伺い、今後のプロジェクトについて相談しました。吉田さんと西本さんは、日本語教育に貢献したいという想いを共有する私にとってはとても心強い存在でした。

最近、多文化共生ということばをよく耳にします。しかし、何が正解なのかまだよくわかりません。これからの時代に大きく関わってくるワードとは感じています。その中で、日本語は世界の共通言語として、さらに期待されていくのではと想像しています。

ムサビのクリエイティブな力と、三代さんの日本語教育のノウハウを活かし、日本を含めた世界中の若者に日本語を学ぶすばらしさを伝えたい。日本語の学びへの真摯な想いを持ち、同時に母国への感謝を持つ留学生、そんな彼らが日本で頑張っている姿を見せながら、それぞれの母国の未来にメッセージを発信できるようなプロジェクトにしたい。夢は大きく、そんな期待を込めて、プロジェクトは動き出しました。

小川宗之

第2章

MAU日本語学習支援プロジェクト 2017

「MAU 日本語学習支援プロジェクト」
2017 年度　成果発表会プログラム

日時：2018 年 1 月 31 日
場所：武蔵野美術大学デザイン・ラウンジ

開会宣言
来賓挨拶／ムサビ側挨拶／カシオ側挨拶

発表 1「私の日本生活」　制作：〈三国会談〉
コメント、質疑応答

発表 2「ジャパライブ」　制作：〈ジャパライブ〉
コメント、質疑応答

発表 3「よろしく」　制作：〈一八〉
コメント、質疑応答

発表 4「ME IN JAPAN」　制作：〈Freedom〉
コメント、質疑応答

発表 5「CASIO × MAU　産学共同プロジェクト 2017」
制作：芸術文化学科　米徳ゼミ

コメント、質疑応答

来賓より総評／カシオ側総括／記念品・修了証の贈呈
記念撮影・閉会宣言

何より今回の授業を通して、最も印象的だったのは、初めて企業の方にプレゼンテーションする体験だ。企業の方はやはり先生とまったく違う視点や考えを持っていると感じた。ディテールよりコンセプトや全体的なイメージを見ている気がした。学内という私たち学生にとって慣れている環境は、実は社会にとってほんの小さな一部に過ぎないことに気づき、産学共同プロジェクトの意図が少しわかった気がした。

——中国人留学生

2017年度に取り組んだ1年目のプロジェクトは、すべてが手探りでした。私たちに何ができるのか、何をすべきなのかを知るための1年目だったと言えます。成果も大きかったですが、反省もたくさん残りました。その反省が大きな成果ともいえる1年でした。そして、何よりも重要なことは、最後に来年もまたやりたいと思ったことです。

1．共につくるということ

共に何かをつくるということ。これがことばを学ぶ活動の中心にあると考えています。1章で社会参加の過程に学びがあるとしましたが、この社会とは、身の回りの小さなコミュニティから日本社会のような大きな社会までを含む、人々が集まり、ある営みを共有するコミュニティを指します。

1年目のプロジェクトで最も重視していたのは、教室という社会＝コミュニティをどうデザインし、そこで学生たちが互いにどう学び合うかということです。学びが生起するコミュニティとは、何か一つの目的を持った実践を共有する「実践コミュニティ」であると言われています[1]。実践コミュニティの絆は、抽象的な所属意識を超えていきます。たとえば「日本人」「韓国人」というような国籍の差異を超えて、一つの実践を共有するコミュニティは「私たち」という新しいつながりをつくっていくことができます。1年目のプロジェクトでは、初めて日本語のクラスに日本人の学生が参加しました。国籍を超えて、この教室で新しいコミュニティが立ち上がる経験、そこに内在するコミュニケーションを学びの核として授業をデザインしたいと考えていました。したがって、グループワークを通じて、CMというモノをつくることが、このプロジェクトの第一の目標となります。

さらに、産学共同プロジェクトとして、カシオの日本語学習電子辞書のプロモーションを目的としていたので、日本留学、そのために必要な日本語学習に関心を持ってもらうためのCMをつくることに決まりました。したがって、このCMのターゲットは、日本留学をめざして日本語を勉強している海外の日本語学習者、あるいは、これから日本語を勉強する潜在的な日本語学習者でした。プロジェクト名も「日本語学習支援プロジェクト」に決まりました。

このテーマの教育的意図は、CMをつくる準備として、世界ではどのような人がどのような目的で日本語を勉強しているのか、そして、どのような人がどのような目的で日本に留学してくるのかをリサーチすること、また、日本がどのような社会になればもっと留学生が日本で学びたいと思うのか、そのためには自分たちに何ができるのかなどを考えることでした。つまり、グローバル化する世界、多文化化する日本の現状とその課題、さらにはその解決方法を見通して、ＣＭ制作ができれば良いと考えていました。

また、２０１６年まで公共ＣＭを制作する授業を行ってきた経験から、メッセージを「伝える」ということの難しさと、それを考えることの大切さを感じていました。公共ＣＭでは、社会に対して、こういう社会であってほしいというメッセージを発信します。たとえば、「人に優しくしましょう」ということを言うとします。しかし、人に優しくした方がいいということは、大抵の人が考えていることです。一歩進んで、具体的に何かできるようにそっと背中を押す、そんな映像でなければ、本当にメッセージを伝えたことにはならないのです。つまり、ＣＭをつくるということは、メディアを駆使しながら視聴者の心を動かすようなメッセージを発信することであり、それが「伝える」ということなのです。これは、従来のことばの教育で必ずしも重視されてきたものではありません。意味が情報として伝わればよしとされてきました。しかし、それでは共に社会をつくるためのコミュニケーションにはなりません。プロジェクトを通じて、「伝える」ということを深く考えてほしいという想いがありました。

まとめると、２０１７年度のプロジェクトの教育目的は、以下の３つになりました。

・ＣＭをつくるという実践を共有する過程で、共に何かをつくるためのコミュニケーションを学ぶこと

・日本留学について考えることを通じて、グローバル化する世界、多文化化する日本の現状と課題を考えること
・CMをつくることを通して、他者にメッセージを「伝える」ということを学ぶこと

2. プロジェクト1期生

そんな壮大な教育目的を胸に秘め、1年目のプロジェクトは立ち上がりました。1年目は、多くのメンバーが集まりました。あまり深く考えずにカシオの名前にひかれて履修した学生、CMをつくりたいという学生、内容を知らずになんとなく日本語のクラスを履修した学生と、いろいろな動機の学生が集まりました。

結局、2017年度は、授業定員いっぱいの20名の学生が上級日本語の授業を履修しました。中国の留学生が8名、韓国の留学生が2名、台湾の留学生が1名、日本人学生が9名でした。この年度は、映像学科の学生が最も多い8名、そのほか、視覚伝達デザイン、工芸工業デザイン、建築などデザイン系を中心とした多学科の学生がいました。クラスの主旨説明、進行、プロジェクト全体のマネジメントなどを私が担当し、映像制作の指導を米徳さんが行いました。

米徳ゼミからは、中国人、日本人の学生が一人ずつ2名参加しました。米徳ゼミはドキュメンタリー映像を学ぶゼミですが、ほぼ毎回、上級日本語クラスの様子を撮影しました。また、上級日本語

クラスの学生たち、カシオの小川さん、そして私にそれぞれ授業の感想やプロジェクトへの想いなどをインタビューしました。それらの記録をまとめ、プロジェクト全体のプロセスを一つのドキュメンタリー作品として編集しました。その作品は、後述する成果発表会で、CM作品と共に上映されました。この米徳ゼミの活動については、5章で改めて触れたいと思います。

カシオからは、デザイン部、広報部、商品企画部など複数の部署から14名の社員が参加しました。その中で、中心的に関わってくれたのが、商品企画部（当時）の小川宗之さん、吉田修作さん、デザイン部（当時）の奈良勝弘さん、西本浩二さんでした（表2－1）。

カシオの社員は、企画発表、2回の中間プレゼンなどに参加し、企画や作品についてコメント、アドバイスをするという形でプロジェクトに参加しました（図2－1）。

表 2-1. 2017 年度　カシオの中心メンバー

名前	部署（当時）	紹介
小川宗之	商品企画部	プロジェクト立ち上げを提案した張本人。日本語教育への貢献を胸に秘めた熱血漢。
吉田修作	商品企画部	長年、中国支社に勤め、日本語学習者のスピーチ大会などを企画した経験を持つ。
奈良勝弘	デザイン部	ムサビ出身のデザイナー。元演劇人。本プロジェクトを通して、多文化共生の世界にはまっていく。
西本浩二	デザイン部	インドネシアの産学に取り組むなど、教育にも力を入れる。現場に足を運び、現場の声からデザインを立ち上げる。

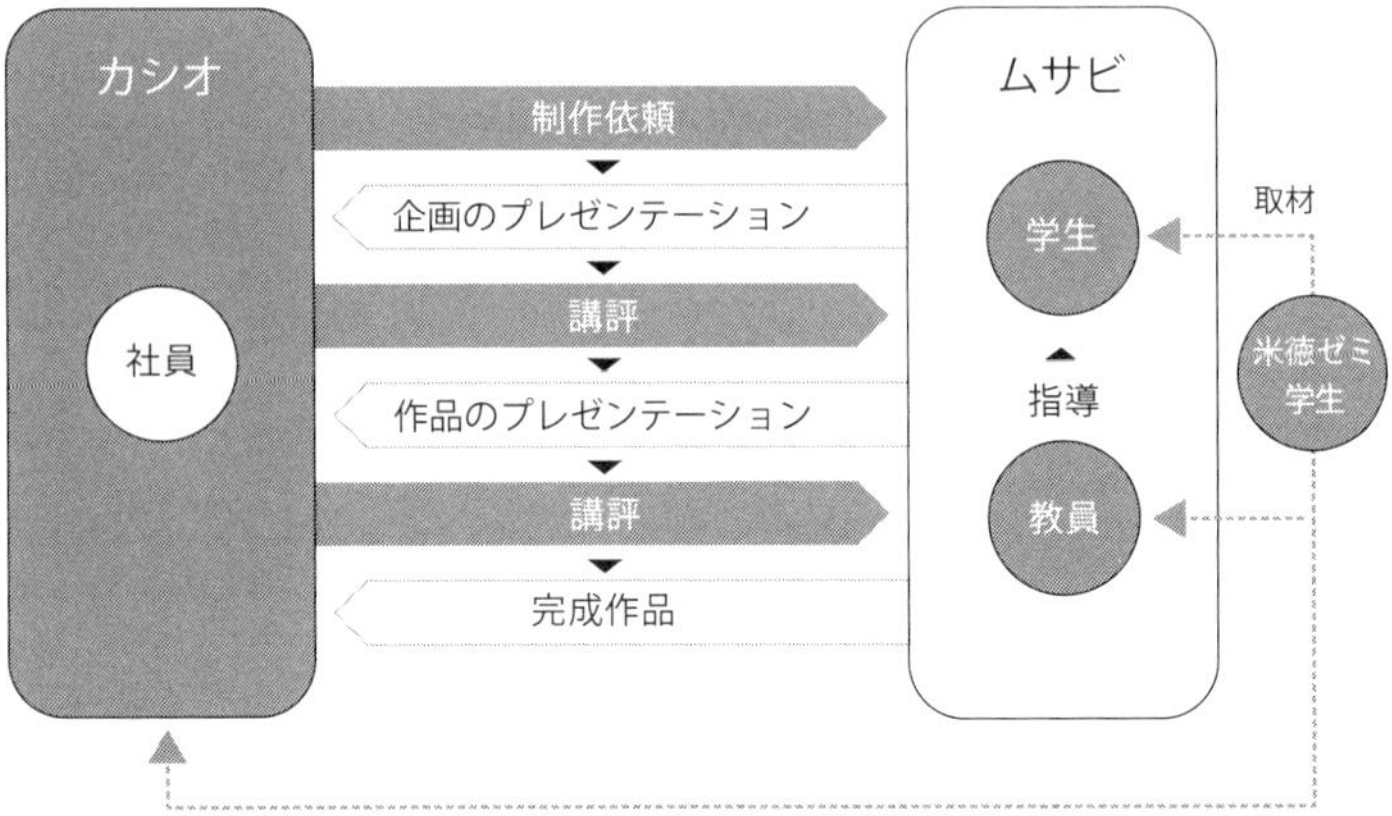

図 2-1. 2017 年度（1 年目）のプロジェクト体制

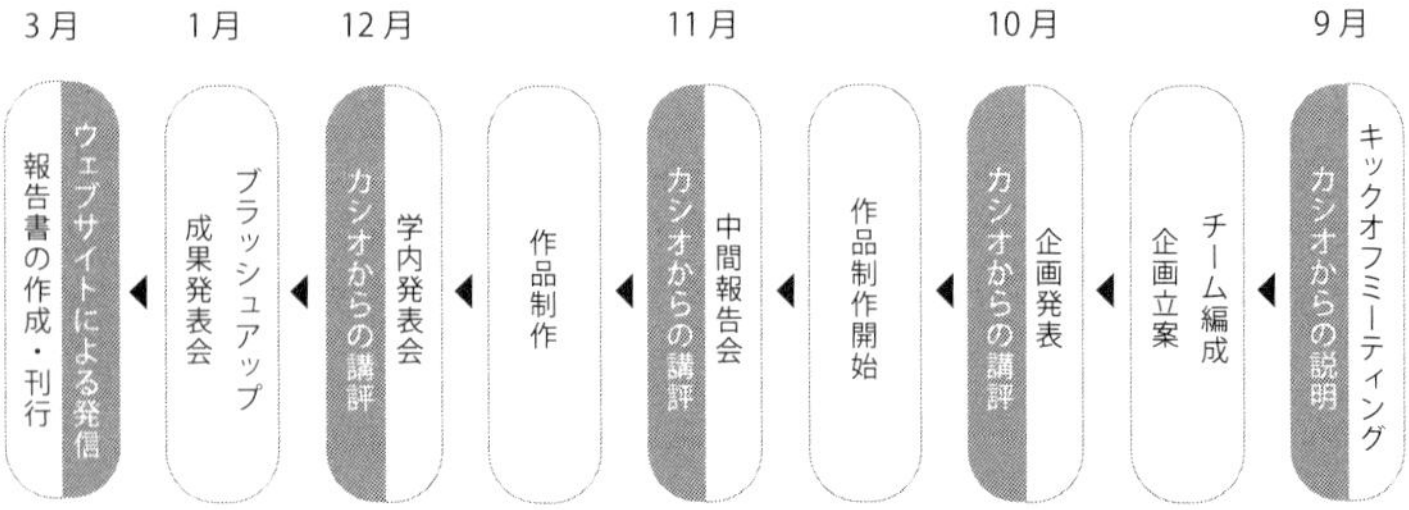

図 2-2. 2017 年度（1 年目）のプロジェクトの流れ

3. プロジェクトの流れ

本プロジェクトは、後期の授業として行われます。9月から12月まで、週1コマ（90分）、13回の授業です。学期終了後は、チームごとに集まり、編集作業を行いました。完成した作品は、２０１８年1月31日の成果発表会で、カシオの社員や日本語教育関係者に見ていただきました（図２－２）。

キックオフ：1～2週目

ムサビの1週目はオリエンテーションになっていて、学生はこの週に授業内容の説明を聞き、履修するかどうかを判断します。産学連携でＣＭをつくるという話を聞き、最終的に20名の学生が履修を決めました。オリエンテーション資料では、学生にこのクラスの目的を以下のように伝えています。

写真 2-1. プロジェクトについて説明する小川さん

チームでCM制作することを通じて以下のことを学ぶ。

・マルチモーダルなメディアにより効果的にメッセージを伝える。
・多文化状況における共同作業により新しい意味・価値を創造する。

2週目は、キックオフ・ミーティングとして、カシオの社員にも参加してもらいました。小川さんから、なぜカシオがこのプロジェクトに関わるのか、カシオが学生に何を期待しているのかなどの説明がありました（写真2－1）。学生は、まだ産学の実感が湧かないという顔をして聞いていました。一方、私たち教員とカシオ社員は、このプロジェクトがこれからどうなるのかという少し不安の混じった緊張感を抱えていました。

企画を立てる：3～6週目

いよいよプロジェクトが始まりました。まずはチームを分けることからです。全員を立たせ、一切話をせずに学科と国籍が一つにかたよらないチームをつくるように言います。最初は、皆、そんなことできるわけないという顔をしますが、ゆっくりと周りのクラスメイトの顔や服装を眺め始めます。よく観察すると、なんとなく学科や国籍が想像されます。その後は、ジェスチャーで交渉です。私はこのチーム分けの手法をよく使うのですが、ほとんどのチームでうまくいくことに、私自身、最初は驚きました。ことばを使わないコミュニケーションは、緊張をほぐし、話しやすい雰囲気をつくるア

写真 2-2. 企画について議論する〈Freedom〉

イスブレイクの効果がありますが、加えて、相手をよく見るということの重要性を意識化することができます。もしかしたら、表層的なことばより表層的な情報の方が、相手の内面をより表しているのかもしれません。

それぞれ5人ずつ4つのチームができました。それぞれ、〈Freedom〉〈三国会談〉〈ジャパライブ〉〈一八《いっぱち》〉というチーム名がつけられました（以下、チーム名は〈 〉で表記）。3・4週目は、チームに分かれてCMの企画を立てました。企画を立てる上で、コンセプトとその理由、さらにキャッチコピーを準備するように伝えました。また海外ではどのような人がどのような目的で日本語を学んでいるのか、どのような人が留学しているのかなどをリサーチして、そこで発見した課題に基づいてコンセプト案をつくることを課しました。

しかし、どのようにリサーチするかなどは、チーム

写真 2-3. 企画をプレゼンする〈三国会談〉

に丸投げしてしまい、2週間という限られた時間での準備となったため、十分に問題意識を深めることができませんでした。メンバー間では、どんな「いい」作品をつくろうか、ということで話が盛り上がっていました。

〈Freedom〉は、リサーチに力を入れたチームです(写真2－2)。実際の留学生に話を聞くために、コンビニで働くベトナム人留学生に依頼してインタビューをしました。この経験が、彼ら／彼女らの作品に色濃く影響を与えるようになります。

〈三国会談〉と〈ジャパライブ〉は、それぞれ日本生活の魅力を伝えたいと考えます。それぞれチームの留学生の意見を聞きながら企画されましたが、アプローチは対照的でした。〈三国会談〉は、留学生の平凡な1日の中に留学生活の魅力を見出しました。一方、〈ジャパライブ〉は、カラオケ、神社など、日本のアニメやドラマなどに馴染みのある海外の日本語学習者が喜びそうなシーンを取り入れることを意識しました。他方、〈一八〉は、日本語そのもののおもしろさを、その「曖昧さ」に見出し、「よろしく」ということばの多義性から映像をつくろうと企画しました。

5週目には、カシオの社員が参加し、社員の前で企画プレゼンを行いました（写真2－3）。それぞれ準備したスライドを見せながら、コンセプトと作品のイメージを伝えました。カシオからは、「それでは視聴者にメッセージが伝わらない」など、厳しいフィードバックがありました。6週目にカシオからのフィードバックをもとに企画を修正し、いよいよ撮影に入りました。

CMをつくる：7～13週

プロジェクトの後半はチームごとに撮影と編集を行いました。1年目は映像学科の学生の履修が多く、学期中に米徳さんが映像の指導を行う時間はとりませんでした。とりあえず学生に任せてやらせてみようというスタンスが私の中にもありました。10週目と13週目にカシオの社員に参加してもらい、中間報告会と、学内発表会を行いました。ここでは、〈Freedom〉と〈三国会談〉を例に取り上げ、チームごとに作品と制作プロセスについて、簡単に紹介します。

チーム名：Freedom
タイトル：ME IN JAPAN

作品WEBサイト

リサーチの段階でベトナム人留学生にインタビューした経験から、企画が膨らんでいきました。ＡＳＥＡＮ諸国から来日して頑張っている人たちの語りから、生の声で日本留学の魅力を伝えるという企画に決まりました。

日本語学校で学ぶ人、大学で学ぶ人、留学後に日本で働いている人にそれぞれインタビューしたいということになり、チームでインタビューの交渉をしました。結果、日本語学校で学ぶベトナム人留学生、ムサビで建築を学ぶインドネシア人留学生、大学院を卒業し、日本の大学で研究者として勤務するベトナム人研究者にインタビューできることになりました。

３名のインタビュー映像と花火や祭りといった日本らしい風景の映像を短いカットでつないだテンポの良

写真 2-4.〈Freedom〉制作「ME IN JAPAN」より

い作品が完成しました（写真2－4）。このドキュメンタリー風の作品の評価が、学外で開催された成果発表会の来場者の間で高い評価を得たことが、2年目のドキュメンタリー制作につながりました。

チーム名：三国会談
タイトル：私の日本生活

作品WEBサイト

日本で暮らしていると当たり前だけど、海外の人にとっては新鮮で魅力的なものって何だろう。こんな疑問から企画を立ち上げていきました。行きついた答えは、学業とアルバイトを両立できるということでした。国によっては留学生のアルバイトが制限されていますが、日本はアルバイトから学べることがとても多いというのが留学生の意見でした。

自動販売機と自転車通学という風景が「日本っぽい」と留学生が言うと、日本人学生は意外な顔をして、その視点はおもしろいということになりました。これらの要素を取り込みつつ、留学生が充実した生活を送っている一日を描くということで内容が決まりました。

アルバイトのシーンは、メンバーの一人が実際働いている居酒屋に交渉し、全面的にご協力いただく形で撮影しました。ほんの20秒程度のシーンですが、撮影は長時間に及んだと聞いています。演じている学生は実際にそこで働く学生ではありませんが、学生たちの学内と違う表情が印象的でした。

延長戦

13週目の学内発表会の段階でも、まだ視聴者に日本留学の魅力を感じてもらえるような作品ではありませんでした。カシオの方からは「1回見ただけでは言いたいことがわからない」という厳しい意見や、「視聴者がストーリーとして理解できるように最初のシーンからの展開を工夫した方が良い」というような具体的なアドバイスが出ました。そこで、そのフィードバックをもとに、学外で行う成果発表会まで作品をブラッシュアップしていくことが決まりました。冬休み中に、チームごとに修正した作品を米徳さんに見せ、細かい調整を行っていきます。本当に数限りない修正を幾度も重ねていきましたが、記憶に残っているのは〈三国会談〉の例です（写真2－5）。

〈三国会談〉の作品は、当初、タイトルが「いってらっしゃい」でした。メンバーの留学生が、自分は一

写真2-5.〈三国会談〉制作「私の日本生活」より

人暮らしだけど、家を出る時「いってらっしゃい」と言い、帰ると「ただいま」と自分自身に日本語で語りかけると言いました。この経験が着想の基盤にあります。それは、一人暮らしの寂しさを秘めながら、それでも前を向いて頑張っている留学生のつぶやきとして、メンバーの共感を得ました。そこで、アパートを出て、自転車で大学に行き、アルバイトを終えて、アパートに戻り、「ただいま」とつぶやいて終わるという構成になっていました。しかし、アパートに帰るシーンで、一人暮らしという設定なのに、すでに部屋の明かりが灯っています。正直、私はあまり気にならなかったのですが、米徳さんは、それでは一人暮らしという設定とつじつまが合わないと指摘しました。また、私はCMの背景にある留学生の経験を聞いていたので、ある情緒をもって「ただいま」というシーンに感情移入できたのですが、このコンセプトを聞いていない視聴者には意図が伝わらないということも問題になりました。主人公を演じた留学生は冬休みで帰省してしまっていたため、撮り直しもできない状況でした。

話し合いの結果、手元にある未使用の素材を見直し、ラストを街の明かりの方向に向かって自転車を漕ぎ出すシーンに差し替えました。あわせて、CMのキャッチコピーも「ただいま」から「あなたも日本で学生生活をしてみませんか」とシンプルに呼びかけるものに変更しました。

学生の経験に根ざした表現に私自身も共感を覚えていましたので、最初は変更していいのだろうかという悩みもありました。しかし、完成したものを見比べると、やはり新しいバージョンの方が視聴者に伝わるものがあります。

ここで私は二つのことを学んだように思います。一つは、「伝える」ためには、細部までこだわり抜くというモノづくりの姿勢。もう一つは、「伝える」ためには、常に他者の視点が必要だということです。私は、どこか学生に共感を覚え、学生たちの自己完結的な表現に同調してしまい、他者に「伝える」ということをおろそかにしてしまいました。このことはコミュニティの成長全体にも示唆的な経験だと思います。常に他者の視点を取り入れながら、プロジェクトはより発展していくのでしょう。

成果発表会

もともとの計画では、最終的に完成した作品はカシオの社内で社員に見せ、公開の許可が得られたものをカシオのWEBサイトに掲載してもらう予定でした。しかし、小川さんが、せっかく学生が一生懸命つくっているのだから、社外の日本語教育関係者を招いて発表会をやりたいと提案しました。そこで、ムサビが東京ミッドタウン六本木内で運営するデザイン・ラウンジにて、1月31日に成果発表会をやることになりました。小川さんたちが、日本語学習電子辞書を開発する過程で知り合った出版社や日本語学校の関係者などに声をかけ、会場定員いっぱいの80名あまりの参加者を迎えることができました。

発表会では、上級日本語クラスの学生が制作した4本のCMと、授業やCM制作の様子などを記録した米徳ゼミ編集のメイキング・ムービーを上映しました（詳しくは第5章）。残念だったのは、発

写真 2-6. 成果発表会で質疑応答に応える〈Freedom〉

写真 2-7. 成果発表会後の集合写真

表会開催が11月に入ってから決まったので、すでに多くの留学生は春節に合わせた帰国の予定を入れていて、当日参加できなかったことです。しかし、参加した学生たちは、来場者を前に、いい意味での緊張を感じながら、作品のコンセプトについて語り、質疑応答にも答え、とても充実した時間を過ごしました（写真2－6）。達成感もあったと思います。来場者からも「普通の一日がとてもリアリティをもって伝わってきました。最初に出かけるシーンが好きです〈三国会談〉」、「それぞれの夢が伝わる映像になっていてとてもうれしくなりました〈Freedom〉」のようなコメントをもらうことができました。

発表会の司会や全体の挨拶などは、カシオのメンバーが担当しました。その様子を見た中国の留学生が、自分たちのプレゼンと、カシオの社員による司会進行や挨拶などのプレゼンの質があまりに違ったことに驚き、人に作品を届けるために自分たちにはもっとできることがあったのではないかと反省を口にしていたのが忘れられません。一生懸命プロジェクトに臨んだからこその反省であり、大きな学びになったと思います（写真2－7）。

4. ふりかえり

このような感じで手探りの中、1年目のプロジェクトは終わりました。こうすれば良かった、ああすれば良かったという反省も、それでもやりきったという達成感も感じられた最初のプロジェクトでした。

この1年目の経験が、2年目のプロジェクトに大きく活かされることになります。その主な反省点を2点、記しておきたいと思います。

協働の難しさ

まず、1点目の反省として、「協働って難しい」ということを改めて感じた1年目でした。このことは、学生間、学生教員社員間、教員社員間でそれぞれ感じられました。正直に言ってしまうと、協働という意味では、うまくいったプロジェクトではなかったかもしれません。ただ、ポジティブに言うと、それでもやりきった達成感をそれぞれに持ったので、うまくいかなかった経験を大きな学びとしてそれぞれが受け止めることができました。

米徳ゼミのドキュメンタリーの中でも、学生がインタビューに答えて語っていますが、チームの中で意見を統一しながら作品をつくっていくことに、とても苦労していました。当然と言えば当然です。志向の異なるメンバーがランダムに組んだチームで作品をつくるのですから。ただ、学生たちが書いた授業のふりかえりを読むと、文化や考え方の異なる他者とのコミュニケーションの難しさを学ぶことができたと、多くの学生が書いていました。協働における困難を、学びとして前向きに捉えていたことに、ちょっとほっとさせられました。また、改めて「失敗」から学ぶことの大切さを認識させられました。

協働が難しかったのは、私の授業デザインの問題が大きかったと思います。私自身が映像作品をつくった経験がなかったことにも起因すると思いますが、映像の編集を担当した学生に負担が集中することがありました。すべての学生が何らかの役割を担えるようなデザインにする工夫が足りなかったと思います。

また私自身、手探りだったため、作品づくりの段階から学生任せで、学生とのコミュニケーションが不足していました。結果、いくつかのチームは協働に頓挫し、私の研究室で話し合いの場を持つことになりました。それもいい経験だったと学生はふりかえりますが、もう少し最初から学生たちとコミュニケーションをとりながらやるべきだったと感じました。それまで、私の中に学生たちにできるだけ介入しないことがいいことであるという幻想があったように思います。一方、カシオのメンバーからは、「発表に対してコメントするのが主な関わり方だったので、学生との間にずっと距離を感じていた」「もっと学生と関わりたかった」という意見が出ました。

さらに、米徳さんやカシオのメンバーとふりかえりを行ったところ、それぞれに遠慮していたこともわかりました。米徳さんも小川さんたちも、私が主担当の授業ということで、授業デザインについて意見を言いにくかったそうです。一方、私は、多忙の中、私の授業に来てくれている米徳さんや小川さんたちに負担をかけるのが申し訳ないという意識が先行して、相談やお願いをなかなかできなかったという状況がありました。一つの実践を共有する仲間としてやっていくという覚悟が足りなかったのだと思います。

日本語の授業として成立させる難しさ

産学共同プロジェクトとして作品をつくることで、私の中にもいい作品をつくらないといけないという気負いのようなものがありました。そのため、2点目の反省として、日本語の授業としてのデザインが行き届いていなかったことが挙げられます。学生にこの授業を通じて何を学んでほしいのか、そのためにはどのような授業デザインが必要なのかを見直す必要があると思いました。産学連携として企業の依頼であったCMの制作に私自身の意識が傾き、学生たちのコミュニケーションにおける学びを注意深く見守ることができていませんでした。あくまでもこのプロジェクトは、日本語教育の取り組みとして、コミュニケーションを学ぶことを軸としていくことを再確認し、その軸がぶれないよう、そして学生たちにもそのことが伝わるようにしなければならないと考えました。したがって、次年度は、1年目の成果と反省点を活かし、プロジェクトをリデザインして臨むことになりました。

注）

（1）レイヴ・J、ウェンガー・E、佐伯胖訳（1991／1993）『状況に埋め込まれた学習：正統的周辺参加』産業図書

日本語教育による多文化共生への一歩

トウ・キショウ〈2019年度映像学科卒業生：チーム〈Freedom〉〉

現在、3年目も無事に終了したこのプロジェクトですが、私が参加した当時はまだまだ新しい企画でした。私は1年生の時から日本語の授業で三代先生にお世話になっていたので、日本語の授業の延長とプロジェクト自体への興味から参加を決めました。

思い返せば、最初は「CMなど、まだ2年生である私なんかが本当につくれるでしょうか」と、少し不安もありました。幸いなことに、私は素敵なチームのメンバーに恵まれ、企画も制作もスムーズに進められました。メンバーたちと力を合わせて映像作品をつくることも、違う文化環境で育った人たちと出会うことも貴重な経験になったと思います。

私たちのチーム〈Freedom〉は、インドネシアとベトナムから日本にきた3名の方にインタビューしました。留学した理由や研究の内容はもちろん、彼らの将来の夢や、今まで日本で生活して感じたことなどについて語っていただき、その後3分間のドキュメンタリー風のCMに編集しました。

彼らの考えは、日本人のメンバーたちにとってはもちろん新鮮で、非常におもしろいものだったと思いますが、同じ留学生である私にとっても興味深いものでした。彼らと話せば話すほど、中国で育った自分の周りの人間とは異なる世界観で驚くばかりでした。たとえば、多種多様な宗教を持つインドネシアから来たキャサリンさんの宗教観はどこか冷静さを感じるのに対し、宗教が身近ではない中国の大都会で育った私にとっては、かえって、宗教、特に日本の八百万の神信仰に非常に興味をひかれます。また、機械工学という、美術とは大きく異なる分野で勉強してきたベトナム人のクゥンさんの来日の経緯、そして大学で研究者として勤めるということは、私の周りの留学生とは大きく異なり、私に留学生という共同体のさまざまな面を見せてくれました。

もちろん、在日外国人として共通する部分や共感できることもありました。まずは日本という国に魅了された部分、それと食文化の違いから日本独特の社交文化でストレスを感じた瞬間や感動した瞬間、そして日本の政治と経済についてまで、「出身地が違っても同じ思惑を抱えているところがあるね」と、会話しているうちに何回もそう思い、親しみを感じました。

このプロジェクトに参加することで、この社会に生きるためのグローバルな視野を得るという大げさなものではないかもしれませんが、自分とまったく違う文化背景を持った人たちとどう接すればいいのか、彼らはどのように日本の社会について考えているのかなど、学生たちも「外人」への固定観念が少しずつ変わっていくかもしれません。

私自身がこのプロジェクトを通してたくさんのことを学べたので、これからも日本人か留学生かに関わらず、学科なども関係なく、ムサビの学生ならぜひ一度参加し、多文化の環境に触れてほしいと思います。

過去を足場に、現在に立ち、未来を考える

イ・ヨンゴン（2019年度映像学科卒業：チーム〈三国会談〉）

私がこの授業を履修した大きい理由は、映像をつくることができる授業だったからです。もちろん、私は映像学科の学生であったため、必ずしもこの授業でしか映像をつくることができないわけではありません。しかし、主に映像という表現方法を扱わない人々が、映像をつくるにあたって重視する部分や視点を今後の自分の制作にあたって取り入れたいと思い、履修しました。

私がこの授業を履修して最も記憶に残るのは、実際に撮影に行く前にどのような内容で物語をつくるかをグループのみんなと議論したことです。「日本留学の魅力」を見せる方法として、いろいろと工夫を重ねていた時、本当の留学生の日常を圧縮して映像として見せることで、日本独特の風景や留学生が楽しめる、さらに深い日本への表現ができると気づきました。メンバーとの議論の中で、より深い日本を確認することができた記憶があります。

そして、この記憶から、私は当たり前のように過ごしていた日本のおもしろい部分を、自分なりに再確認することができたと思います。漠然とした「楽しかった留学生活」で終わらせるのではなくて、ロジックをベースにした「楽しかった留学生活」を発見できたのは、これからも人生を歩むにあたって大きな財産になると考えています。

私は今後、映像作家として生活していきたいと思っています。私自身が定義する自分のこれからの制作は、「過去を足場に、現在に立ち、未来を考える」ことができる映像です。これは現在のわれわれの社会を、過去の出来事から考えて、これからどうやって未来に進むかという疑問を世間に投げたいという自分の考えを表したことばです。その時の「過去の足場」として、この授業を通して考えたことや感じたことが私の作品に大事な種になるし、さらにはその種から生まれた何かが日本の社会へ問いかけることができるかもしれない、と思っています。

これからの日本を考えると、避けられないのは多民族国家への道ではないかと思います。「移民」は、受け入れる時は簡単かもしれませんが、本当の意味での社会の構成員として受け入れることがとても難しいと私は考えています。世界のあらゆるところから来た人々を「よそ者」として扱うと、それは多文化の輸入にはなるかもしれませんが、共生にはならないと思います。すべてを理解してほしいわけではありません。しかし、日本社会が「ここは日本だから」だけになってしまうと、きっとそのレールからはみ出る人々も生じると思います。それは結局、日本社会にとってリスクになるのではないでしょうか。そういう人々ができるだけ生じないようにするために、社会の構成員がお互いに相手の立場になって理解しようとする態度が必要だと思います。その時に、日本では多文化共生が輝けるかもしれません。難しい道ですが、私は一人の留学生として応援しています。

産学連携から企業も学ぶ

小川宗之（カシオ計算機事業戦略本部教育ＢＵ学販担当室長）

プロジェクトに参加された学生たちは、さすが武蔵野美術大学だけあって個性派ぞろいでした。親交を深めるために懇親会を実施したり、中間プレゼンで意見交換をしたり、とても楽しい時間を過ごすことができたこと、うれしく感じています。

中間プレゼンでは、私たちも参加し、チームごとに発表してもらいました。依頼主である企業側の主旨を十分理解して検討できているのか、これから社会に巣立つ基礎としてどのようなことが求められていて、それを彼らはどこまで理解、対応できているのか、教育課程という部分を十分くみ取りながら意見させていただきました。

プロジェクトの主旨として、動画を視聴する側に思いが届くことが重要です。社会現場、製品づくりも同じで、独りよがり、思い込みの強い製品は消費者に受け入れられません。常に相手の立場、受け手側の気持ちに立てるのか、オブラートに包むことなく、忌憚のない意見交換をしました。

プロジェクトを通して日に日に成長する学生たちに感動しました。私たちの依頼や意見を学生たちがどのように感じ取ったのかは、その後の成果発表会を見ればわかりました。きっと彼ら自身も納得できる成果だったろうと思います。発表会を見て、とてもうれしく感じたことを記憶しております。

プロジェクトを通して、企業側にもとても学んだ点がありました。それは社内の異なる部署との連携の大切さです。日々製品開発の過程において意見を戦わせることは多々ありますが、本物をつきつめるためには、部署間の垣根を越えてさらに歩み寄る必要性があることに、いまさらながら気づきました。

どんな会社においても壁があるはずです。それを取り外すのは難しく、上下関係も含めれば、言いたいことの半分も発言されないのが通常でしょう。そのような本音が語れない環境では、ユーザーを満足させる製品はできないはずです。

授業の中間報告会で親身になってディスカッションする時間は、とても良い経験でした。学生たちが企業の方々と会話すること、就活、入社する前に触れ合うことは重要です。逆に企業側にとっては、今一度ユーザー目線、学生目線で物事を考え直すいい機会になりました。

今回、この産学共同プロジェクトとして、企画部、デザインセンター、広報部、営業戦略部、CSR推進部、品質保証部など、異なる6部門が集まり、ディスカッションを繰り返しました。学生たちと直接触れ合うことで、メーカーの私たちもたくさんの元気と勇気をもらうことができたことを大変うれしく感じています。

「多文化共生」の社会は、これからどうなっていくのでしょうか。今後もこのプロジェクトが継続されることを楽しみにし、心から応援したいと思います。

第3章

にっぽん多文化共生発信プロジェクト2018

「にっぽん多文化共生発信プロジェクト」
2018年度　成果発表会プログラム

日時：2019年2月2日
場所：武蔵野美術大学デザイン・ラウンジ

開会宣言
来賓挨拶／ムサビ側挨拶／カシオ側挨拶

発表1「ひとりじゃない」　制作：〈Y and S〉
取材先代表コメント、質疑応答

発表2「アジアをつなげる」　制作：〈MA LINK〉
取材先代表コメント、質疑応答

発表3「HERE—もう、ここにあった」　制作：〈大学いも〉
取材先代表コメント、質疑応答

発表4「教科書で学べないもの
—にっぽん多文化共生発信プロジェクト」
制作：芸術文化学科　米徳ゼミ

メイキング映像制作コメント、質疑応答

来賓より総評／カシオ側総括／記念品・修了証の贈呈
記念撮影・閉会宣言

取材をするまで、多文化共生ということばを聞くと、文化とはなにか……共に生きるためには……と難しく考えすぎてしまう部分があった。しかし取材したこの日本語学校にあったのは、もっと自由で創造的な多文化共生だった。

実際、取材や授業の中で私自身も多文化共生ができているのかもしれないと感じている。生まれや育ちの環境はお互い違うのだが、それぞれの得意なことで分担しあってドキュメンタリーを制作している。これが、平澤先生のいう「いつのまにかある多文化共生」なのかもしれない。

——日本人学生

1年目のプロジェクトのふりかえりをもとに実践を大幅に見直して、2年目のプロジェクトに臨みました。プロジェクトの形と意義の輪郭が見えてきたのが2年目です。

1. ドキュメンタリーをつくろう

CMからドキュメンタリーへ

米徳さんと相談して、2年目はCMではなく、ドキュメンタリーをつくろうということになりました。理由はいくつかあります。

まず、1年目はいかに「いい」作品をつくるかに意識が傾いてしまいました。この「いい」というのは、自分の表現の志向に合っているか、表現としておもしろいかという観点からの「いい」でした。作品づくりの前に自分たちはどのような社会で生きているのか、そしてその社会にどういうメッセージを伝えればいいのかという議論が圧倒的に不足していました。そこで2年目は、まず社会にある課題を知るということから始めたいと思い、2年目は活動のプロセスに取材が入るドキュメンタリーを選択しました。

また、1年目の〈Freedom〉の作品がインタビューをまとめた作品で、成果発表会でもインタビューのことばが参加者にとてもよく響いていたということもありました。〈Freedom〉の作品はCMでしたので、使用されたインタビューのことばは断片的で短いものでした。もし、もっと長い取材を経てまとまったことばで表現できれば、より強いメッセージになるという実感がありました。実際、成果発表会で参加者が最も関心を示したのは、最後に発表された米徳ゼミのドキュメンタリー映像だったのです。「生のことば」の持つメッセージ性を強く感じました。

私たち教員の専門性も、ドキュメンタリーの方がより生きてくるとも考えました。米徳さんはデザイン・アート全般に造詣が深く、ゼミでは普段ドキュメンタリー制作を指導しています。米徳さん自身も、美術教育におけるさまざまなプロジェクトのドキュメンタリーをつくってきました。私は日本語教育の領域で、ライフストーリーというインタビュー研究[1]をずっとやってきました。自分のフィールドワークやインタビューの経験から、学生に伝えられることがあるのではないかという期待もありました。

「多文化共生」を発信する

ドキュメンタリー制作をするにあたり、テーマも大きく変えました。留学生と日本人学生が一緒に取材し、ドキュメンタリーをつくる上で、意味のあるテーマとは何だろうと考えました。1年目は日本留学がテーマでしたが、それでは留学生が改めて取材する必要性が見えにくくなります。

そこで、上級日本語クラスが本来持っていた目的、すなわち「多文化共生社会を共に生きるためのコミュニケーション」をテーマに据えて、学生にも見える形にしました。多文化化する日本の現状を省察し、より良い社会にするために日々奮闘する人々の営みに実際に触れることで、学生たちに多文化共生というテーマを「自分ごと」として捉えてほしいと思いました。

プロジェクト名も「にっぽん多文化共生発信プロジェクト」としました。「発信」するということに、クリエイターをめざすムサビの学生たちが取り組む意義があるだろうと考え、「発信」ということばをつけました。

プロジェクトのリデザイン

1年目はCMをつくるというゴールだけが決まっていて、あとはチームごとにそれに向かって走っていくという形でした。しかし、協働の部分などで反省点が残りました。そこで、2年目は、日本語のクラスとして何を学ぶのかを明確にし、そこに向けて1回1回の授業内容を見直しました。

具体的には、チームでの議論やリサーチなどのアカデミック・スキルを学ぶことも組み込み、実際の作品制作に入る前段階の活動を厚くしました。ゲスト講師を呼んで、日本の多文化化について考えるワークショップを行ったり、取材を申し込むまでに、取材先についてリサーチする時間を取り入れました。また、学期の前半から米徳さんが積極的に入り、ドキュメンタリー映像についての考え方や、撮影や編集についてレクチャーする時間をつくりました。なお、ドキュメンタリー作品はWEB上での公開になるため、長い時間を視聴してもらうことは難しいだろうと考え、10分程度の作品とすることにしました。

役割の明確化

1年目は、役割分担の難しさが協働の難しさにつながりました。そこで2年目は、いろいろな役割分担を明確にし、学生それぞれが「自分ごと」としてプロジェクトに関われるようにしました。ドキュメンタリー制作にしたことで、学生にとって取材対象に対するリサーチ、取材交渉、取材と、いくつかの役割が制作過程で生まれました。その中でそれぞれが分担を決めながら、協力して制作に携われるようにしました。

また、1年目のふりかえりから、カシオ側が、学生とやや距離を感じ、もう少しコミュニケーションをとりたいと感じていたことがわかりました。産学が協働して取り組むメリットをより活かすためにも、2年目は、カシオのメンバーもそれぞれのチームにメンターという形で入り込むことにしました。メンターとは、一般的には仕事や人生における「指導者」「助言者」「教育者」などのことを指し、多くの企業では、先輩社員が新入社員の日々の業務や精神的なサポートをする制度として、メンター制度が導入されています。本プロジェクトでは、人生の先輩としてカシオのメンバーが学生たちをサポートしながら、一緒にプロジェクトを進めていくという意味で、カシオのメンバーを「メンター」と位置付けました。

なお、米徳ゼミの学生たちは、1年目と同様にプロジェクト全体を記録し、プロジェクトのドキュメンタリーを制作する役割を担いました。2年目は、授業外での取材活動が加わったため、取材へ同行し、上級日本語クラスの学生たちが取材している姿を取材しました。

産学連携としての目的の変化

もう一つ、1年目のプロジェクトとの大きな違いに、この産学共同プロジェクトの位置付けの変化があります。1年目は、ASEANをメインターゲットとした海外向け日本語学習電子辞書のプロモーションという目的がありました。だからこそのCM制作であったと言えます。2年目はプロモーションという枠組みがなくなりました。

1年目のプロジェクトが終わって、私と米徳さんも、カシオのメンバーたちも、反省点はあったけれども何か意味のあることをやったというぼんやりとした達成感がありました。また反省点を踏まえることで、そのぼんやりとした達成感に輪郭を与え、さらに発展させられるような、もう少し一緒に何かやってみたいという感覚は共有できていました。そして、おそらく、成果発表会に来てくださったプロジェクトメンバー以外のカシオの方々も、同様の感触を覚えてくれたのだろうと思います。だからこそ、プロモーションという大義名分がなくなったにもかかわらずプロジェクトが継続できました。ただし、私たちは、産学共同プロジェクトとしてこの実践を行う意義を自分たちで見つけなければならなくなりました。そのため、2年目は産学共同プロジェクトの意義を探求する1年でもあったと言えます（表3－1）。

プロジェクトの教育目的

このようなプロジェクト全体の大きなリデザインを経て、2年目の教育実践としての目的は、次のようになりました。

・ドキュメンタリーをつくるという実践を共有する過程で、多様な他者と協働するためのコミュニケーションを学ぶこと

表 3-1. 1年目と2年目のプロジェクトの違い

	1年目	2年目
プロジェクト名	MAU*日本語学習支援プロジェクト	にっぽん多文化共生発信プロジェクト
目的	日本語学習電子辞書のプロモーション	多文化共生社会を支える取り組みの紹介
内容	ＣＭ制作	ドキュメンタリー制作
カシオの関わり	評価者	メンター

*MAU=Musashino Art University

・取材を通じて、多文化化する日本社会の現状と課題を考えること
・ドキュメンタリーをつくることを通して、自分たちの発見したことを、他者に伝えるということを学ぶこと

2. プロジェクト2期生

2年目はドキュメンタリー制作になったことで、CMをつくりたいというモチベーションで参加していた学生が減り、上級日本語クラスの学生は7名になりました。1年目は学生たちもよくわからないで履修した感じでしたが、やってみたら予想以上にハードな授業だったということがあり、何やら大変な授業だというウワサが流れたのかもしれません。中国の留学生が3名、韓国の留学生が2名、日本人学生が2名で、専攻も映像学科は1名のみでした。上級日本語の前期の授業は、自治体と共に国際交流イベントを企画・開催するプロジェクトワークを行っていますが、その授業から継続で履修した学生、私のほかの授業を履修していた学生、そしてドキュメンタリーをつくってみたいという学生が集まりました。人数は少なかったですが、活動内容や私の授業の進め方などを理解した上で履修している学生が集まり、モチベーションの高いクラスになりました。この年の米徳ゼミの学生は、日本人学生3名でした。

商品のプロモーションという目的がなくなったため、カシオ側のプロジェクト参加者も少なくなり

ました。しかし、メンターという形でチームに入り込み、毎週のように授業に参加し、取材にも同行するなど、関わりは1年目よりはるかに深いものになりました。このプロジェクトを立ち上げた小川さんは、社内の組織改編で電子辞書の担当ではなくなったため、プロジェクトから外れました（しかし、時々取材に同行するなど、常にプロジェクトを気にかけてくれていました）。

小川さんの後を引き継ぎ、カシオ側からこのプロジェクトを統括してくれたのは、1年目から継続で参加してくれた事業戦略本部の吉田修作さんです。吉田さんは長く中国支社でカシオの電子辞書の営業を担当し、中国国内の日本語スピーチコンテストを企画するなどして、中国のマーケットを拡充した立役者の一人で、日本語教育関係者のネットワークも広く持っていました。

デザイン統轄部からは、1年目からの継続で、奈

表3-2. 2018年度　カシオの中心メンバー

名前	部署（当時）	紹介
吉田修作	事業戦略本部	小川さんの後を引き継ぎ、プロジェクトのカシオ側のとりまとめを担当。担当チームにかかわらず、すべての取材に参加、すべての作品に少しずつ映り込んでいる。〈Y and S〉のメンター。
奈良勝弘	デザイン統轄部	ムサビ出身のデザイナー。取材へ同行するうちに、プロジェクトにどっぷりとはまっていく。〈MA Link〉のメンター。
西本浩二	デザイン統轄部	メンターとしては、後ろであたたかく支えるタイプ。好奇心旺盛で、気がつくと撮影とは別の場所で独自の取材をしている。〈大学いも〉のメンター。
キム・ドヒ	デザイン統轄部	ムサビの映像学科出身。2年目からプロジェクトに新加入。プロジェクト全体をサポート。

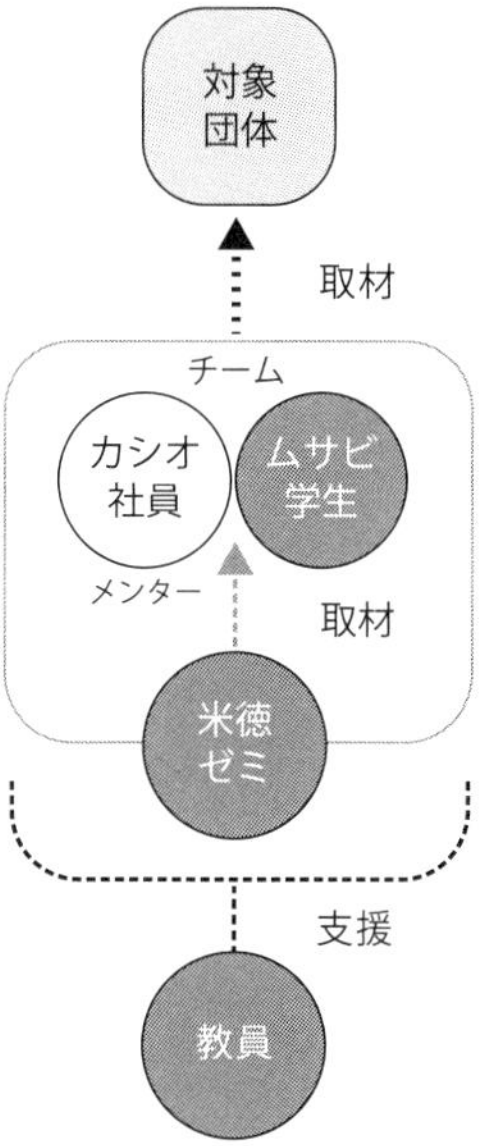

図 3-1. 2018 年度（2 年目）のプロジェクトの関係図

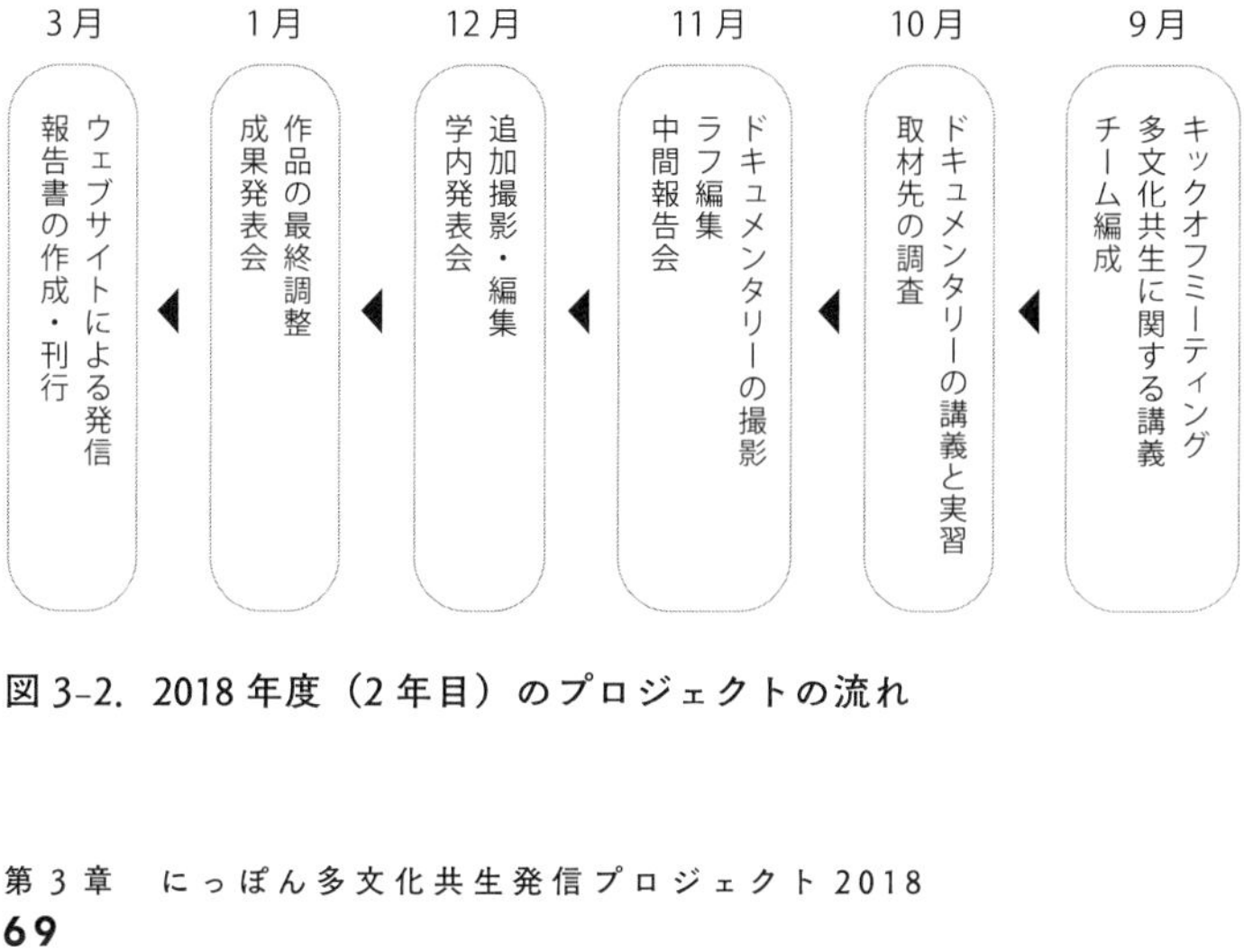

図 3-2. 2018 年度（2 年目）のプロジェクトの流れ

良勝弘さん、西本浩二さんが参加してくれました。加えて、キム・ドヒさんが新メンバーで加入してくれました。キムさんは、韓国からの元留学生でムサビの映像学科を卒業しました（表3－2）。

3. プロジェクトの流れ

1年目同様、後期の授業内で行いました（図3－1、図3－2）。

キックオフ：1～2週目

1週目のオリエンテーションでは、前年度の学生がつくったCMと、米徳ゼミの映像を視聴しました。その上で、今年は、リサーチに時間をかけること、ドキュメンタリーを制作することなど、変更点とクラスの目的を説明しました。昨年の映

写真 3-1．自己紹介する吉田さん

像を見ることができたため、学生もある程度、やることを理解した上で履修することができました。

プロジェクトのメンバーが確定した2週目は、カシオの吉田さんから、彼自身が中国でどのような仕事をしてきたのか、このプロジェクトにどのような想いで関わっているのかをプレゼンしてもらいました（写真3－1）。1年目は、カシオとして企業が何をしているか、なぜこのプロジェクトを行うのかという説明でしたが、2年目は一緒にプロジェクトに携わるメンバーとして顔の見える形にしようという米徳さんのアイデアで、吉田さん個人の視点から話してもらいました。

私自身も「教師」というよりも一人の人間としての顔が見えるように、どのような研究や教育をこれまで行ってきたか、なぜこのプロジェクトを企画したのかなど、できるだけ丁寧に話しました。

多文化共生について考える：3～4週目

2年目のプロジェクトでは、テーマについて学び、「自分ごと」として捉えられるようになった上で作品制作に臨むことをめざしました。そこで、4週目に、日本の多文化状況について学び、それが自分たちの問題なんだという意識を持てるように、ゲスト講師として武蔵野大学の神吉宇一さんを招きました。神吉さんは日本語教育が専門ですが、文化庁や企業の委託を受けて地域の日本語教室のスタートアップ支援や、就労のための日本語教材の監修などを行っています。

そのため、3週目は翌週の神吉さんの授業に備え、「質問づくり」の活動をやりました(2)（写真3－2）。「質問づくり」とは、ワークショップの技法の一つですが、協働で質問をつくる過程で問いを深

写真 3-2. 質問づくりの様子

写真 3-3. 講義する神吉さん

めていくものです。自分たちが「多文化共生」について疑問に思っていることを質問の形に練り上げることで、神吉さんの講義に備えました。実際に学生がつくった質問は、「「多文化共生」ということばは「多文化」「共生」の二つの単語が合体してできたことばだと思いますが、どっちがポイントだと思いますか」「異文化に適応する3つのコツを教えてください」など、まだまだ問いを深めるには至りませんでしたが、ブレインストーミング程度にはなりました。質問は事前に神吉さんにお送りし、講義にその答えを盛り込んでもらうようにお願いしました。

翌週の神吉さんは、日本の外国人の来日目的や集住地域のお話などマクロな話から、神吉さんが地方自治体と一緒に技能実習生のための日本語教室を立ち上げた経験などミクロな話までをしてくれました（写真3－3）。その上で、自分たちは何ができるのかということを考える活動を、カシオの社員も参加して行いました。

取材へ向けて：5〜6週目

5〜6週目の2週間かけて、取材アポイントの取り方や撮影の方法など、ドキュメンタリー制作にあたって基礎的なことを学びました。

5週目の授業の前半では、チーム編成と取材についての講義を行いました。履修者が7人しかいなかったので、出身等のバランスを見ながら私の方で3つのチームに分けました。中国と韓国の学生のペア（チーム名〈Y and S〉）、中国、韓国、日本の3名のチーム（チーム名〈MA LINK〉）、中国、日本の学生のペア（チーム名〈大学いも〉）で活動を進めていくことになりました。

自分たちで一から取材先を探すことも検討しましたが、交渉してから複数回取材に入って、動画公開の承諾を得ることまで考慮すると、スケジュール的に難しいと思われました。そこで、私の方で多文化共生に関わる活動をしている団体を取材候補として10団体程度紹介しました。定住外国人のサポートを行っているNPOや、日本語学校、国際交流協会など、具体的な活動内容を紹介し、自分たちの問題意識からどこを取材するかチームごとに検討してもらいました。結果、〈Y and S〉は外国につながる親子の国際交流を支援する団体「多文化ひろば　あいあい」（東京都日野市）、〈MA LINK〉は留学生の就職を支援する会社「ASIA Link」（東京都小平市）、〈大学いも〉はＩＴエンジニア養成を目的とした日本語学校「奥多摩日本語学校」（東京都奥多摩町）にそれぞれ取材することになりました。取材先が決まったところで、〈Y and S〉にカシオの吉田さん、〈MA LINK〉に奈良さん、〈大学いも〉に西本さんがメンターで入ることになりました。キムさんは、全体を見ながら編集などのアドバイスに入ってくれました。

取材にあたって、私からは自身のインタビュー経験を話し、以下の点を中心に指導しました。

①取材依頼のメールの書き方
②取材の心構え
③インタビューの方法

実は、最近の学生はあまりメールを書いたことがありません。件名を書くことなど本当に基本的なことから指導し、メールの前には文案のチェックを行いました。特に気をつけたことは、プロジェクトの目的や映像がインターネット上で公開されることなどが正確に伝わるように書くことでした。

取材の心構えとしては、礼節を大切にすることが基本です。取材時間に遅刻しないよう余裕をもって集合すること、必ず挨拶すること、撮影が終わった後、現場復帰をすることなどです。どれも基本的なことですが、こういう一つひとつの積み重ねが取材協力者との信頼関係につながります。知人のプロのカメラマンは、撮影後は撮影前よりきれいな状態で撤収することを若い時に叩き込まれたと言います。そのことも、学生たちに伝えました。

インタビューにあたっては事前のリサーチを徹底し、自分たちの聞きたいことを明確に持っておくこと、同時に、そこに縛られず現場で自分の心に引っかかったことから質問をつくっていくことを伝えました。また、「多文化共生とは何か」「日本社会についてどう思うか」のような抽象的な質問をぶつけるのではなく、まずは取材協力者が何を経験し、そこで何を感じているのかという、個人の具体的な体験と、そこにある想いを中心に聞くことを徹底するように言いました。まずは、目の前に人がいて、その人のことを知るということがあって、その向こうに「多文化共生とは何か」というものが見えてくればいい、ということをわかってほしいと思いました。これは、なかなか取材前に口頭で説明しても伝わりません。取材の過程や作品編集の過程でも、繰り返し伝えるようにしました。

授業の後半は米徳さんにバトンタッチして、実際の映像制作について指導しました。映像学科の学

写真 3-4. 講義する米徳さん

写真 3-5. インタビュー撮影の練習

生は1名のみで、映像作品をつくるのは初めてという学生がほとんどでした。5週目は、米徳さんが制作したドキュメンタリー映像を視聴し、作品について議論しました（写真3－4）。作品について議論をする時、学生たちはどうしても内容に意識が傾き、作品の構成や構図、撮影の意図など、制作を考える上で重要になる視点がやや欠如していました。このことは、米徳さんとふりかえり、作品を批評することや言語化する経験を積むことが重要であることを再認識し、3年目へと引き継がれました。

6週目は、カメラの設定やピンマイクの使用法など、撮影機材の基本的な使い方を学び、練習としてチームの一人を対象にインタビューし、それを撮影するという活動を行いました（写真3－5）。学内の好きな場所で撮影した後、それぞれの映像をクラスで確認しました。インタビュー場所の選び方、画角や光の当たり方など、確認すべきところを意識化していきます。

取材：7～13週目

6週間の準備を経て取材が始まりました。幸い3つの団体は取材への協力を快諾してくださいました。スケジュールを合わせて、それぞれのチームが取材に出かけます。各チーム、最初の取材には必ず私が同行するようにしました。2回目以降はできるだけ自分たちだけで行ってもらうようにし、適宜カシオのメンターの方に同行してもらいました。10週目には中間報告会と13週目には学内発表会を行いました。

それぞれのチームの取材と編集の進め方について、13週目以降の課外の時間も含めて紹介したいと思います。

チーム名：Y and S
タイトル：ひとりじゃない
取材対象：多文化ひろば　あいあい

作品WEBサイト

多文化ひろば　あいあい（以下、あいあい）は、ムサビのある小平市と同じ東京都西部に位置する日野市で活動を続ける団体です。日野市立子ども家庭支援センターに登録する市民サークルの一つで、外国につながる親子と日本の親子との交流サークルです。映像学科の中国の学生が撮影と編集を主に担当し、工業工芸デザイン学科の韓国の学生が取材にかかるメール等のやりとりや公開に向けたコンセプト文の作成などを担当しました。

1回目の取材は、日野市立子ども家庭支援センターの一室をお借りして行いました。あいあいの代表の福村真紀子さんは、1時間くらい丁寧にインタビューに答えてくださいました。

次の取材では、あいあいの実際の活動を撮影しました。「ティーパーティー」という企画で、お茶を飲みながら、外国につながる母親の子育てに関する悩みを聞き、参加者たちが相談に乗るというアットホームなイベントです（写真3-6）。取材した学生たちは、子どもたちの笑顔に感動し、ま

写真 3-6.「ティーパーティー」を取材する様子

た母親の悩みに自分たちを重ねて共感したと話していました。

学内発表会では、この二つの取材映像から編集されたものが上映されました。1回目のインタビューが中心で、30分近い作品でした。福村さんの今の活動に至る人生経験や、親子の交流支援に対する熱い想いが語られていて、話自体はおもしろいのですが、インタビューだけが30分続くと単調になってしまいます。そこで、学内発表会では、伝えたい内容を絞ることと、画面に変化をつけることがアドバイスされました。特に、参加者のお母さんたちのことをもっと知りたいという意見がカシオ側から出ました。

そこで、前期の国際交流イベントの映像も使用することにしました。また、追加であいあいに参加するお母さんたちの日常生活の様子を撮影しに行きました。作品のイメージが掴めた上での追加撮影を行ったので、詩情あふれる日常の風景と自然な表情を撮ることができ、あいあいの活動が見た人にグッと伝わる作品になってきました。

３チームとも、最後の授業から発表会までの間、何度も大学で朝から晩まで編集を続けました。その作業をかたわらで見ていて一番印象に残っているのは、字幕をつける作業です。〈Y and S〉の作品は全編字幕がついていました。あいあいの活動は英語と日本語を行ったり来たりしながら行われていたので、英語の部分は編集の学生と私で相談しながら日本語訳をあてました。編集を担当した学生は日本語も英語も堪能でしたが、それでも字幕をつける作業には膨大な時間を要しました。やっと字幕をつけ終わり、作品を見せると、米徳さんは一言、「字幕は要らないんじゃない?」と言います。一瞬学生の顔が青ざめたような気がしましたが、青ざめたのは一日中一緒にその作業をしていた私だったかもしれません。

ただ、学生は納得して、英語の部分以外の字幕をすべて削除しました。そして完成した作品を見るとやはり字幕のない方が絵に集中でき、映像から伝わるものが大きいように感じられます。さらに字幕をつけるという作業を通じて、映像の中で登場人物たちが語っていることばがよりクリアに理解されたように思います。その後の編集で、伝えたいシーンがよりくっきりとしました。膨大な作業の末にいろいろなものを削っていくことで、より良い表現を探究していくという、このプロジェクトの本質を見た気がしました。

チーム名：MA Link
タイトル：アジアをつなぐ
取材対象：ASIA Link

このチームは、ほかのチームと比べて取材協力者を決定するまでも大変時間がかかり、それが大きな学びの経験となったチームです。当初、〈MA Link〉のメンバーは、ASIA Linkともう一つの団体、二つの団体への取材を希望していました。もう一つは、外国にルーツのある子どもたちを支援している団体で、私が候補に挙げた団体ではありませんでしたが、メンバーの一人が別のプロジェクトで見学したことがあり、取材したいということになりました。その団体に自分たちでコンタクトをとり、まずは見学に伺い、話を聞いてもらうことになりました。スケジュールの合った中国と韓国の学生、それからメンターの奈良さんと私の4人で伺いました。大変興味深い活動をされていて、ぜひ取材させてほしいと皆が思いました。しかし、取材の条件として毎週の活動に参加し、関係者と人間関係をつくり、団体の取り組みを理解することが提案されました。チームで話し合い、毎週の参加は大学の授業と時間が重なっているために実質不可能であることを確認し、見学のお礼と取材を辞退する旨の連絡をしました。

　私を含めて、取材させていただくことへの甘えがあったことを痛烈に反省する経験でした。私自身がフィールドワークをする場合、事前に承諾を得て、先方に複数回足を運び、1年以上の時間をかけ

作品WEBサイト

て行うことがほとんどです。限られた期間で、取材経験のない学生をフィールドに出すことの困難さ、ある種の暴力性を、このプロジェクトが内包していることを改めて認識しました。取材に協力いただくことに対する敬意、そして取材に協力して良かったと思われる作品をつくること、この自覚を学生にもってもらうために何が必要なのか。それをもんもんと考えました。

一方、学生たちはこの経験から自分たちが取材することの責任を痛感し、ASIA Link に依頼する際はその経験を十分に活かしていました。

ASIA Link は、ムサビと同じ小平市にあり、留学生の就職を支援する企業の草分け的存在です。代表取締役の小野朋江さんは常に留学生に寄り添い、留学生の就職を紹介するだけではなく、雇用側に、留学生と共に仕事をする上で留意すべきことを伝えるなど、外国人人材が活躍しやすい社会づくりに取り組んでいます。ASIA Link には全国から支援を希望する留学生がやってきますが、幸運にもムサビの近所にあるということで、毎年多くのムサビ生がお世話になっています。

小野さんには、私が担当する留学生対象のキャリア支援授業に、毎年ゲスト講師として来てもらっています。メンバーの一人が前年度にその授業を受講していたので、ぜひ小野さんにお話を伺いたいということになりました。また、ムサビの留学生の多くが日本での就職をめざしており、就職というテーマは関心が高いものでした。

取材への責任感を持って臨み、全6回の取材に足を運びました。最初に挨拶に伺った時には、事前にメンターの奈良さんとメンバーで相談し、取材理由や取材したい内容などを詳細に記した書類を準

写真 3-7. 編集作業をする〈MA Link〉

備していました。その後、小野さんと相談し、小野さんの講演や企業訪問、学生指導の様子など多岐にわたり取材させていただきました。また、実際にメンバーの一人である韓国の学生を小野さんに指導してもらい、その指導風景を撮影することができました。実際に指導してもらうことで、就職活動に前向きになれたとその学生は言っていました。そして、その経験がドキュメンタリーの軸になり、指導を受けた学生を主人公に据え、一人称でASIA Linkの取り組みを体験していくというスタイルのドキュメンタリーが生まれました（写真3－7）。

このチームは、映像を扱った経験のある学生がいませんでした。音声がとれてなかったり、カメラのブレが激しくて見ている方が酔ってしまったりという映像が多く、中間プレゼンでもカメラワークについて指摘されていました。ただ、どのチームよりも誠実に取材に向き合い、時間をかけて編集していました。また、ムサビ出身のメンターの奈良さんが、企業と学生というよりも後輩の面倒を見る先輩のような雰囲気で丁寧にサポートしてくれました。あとから聞いた話ですが、週末も某ファーストフード店に集まり、編集方針について4時間も話し合っていたそうです。この年度の一つの目標であった「産学が一緒につくる」ということが最も色濃く体現されたのは、このチームであったかもしれません。

チーム名：大学いも
タイトル：HERE——もう、ここにあった
取材対象：奥多摩日本語学校

作品WEBサイト

奥多摩日本語学校は、奥多摩の町興しをめざす「奥多摩プロジェクト」の一環として立ち上げられた学校です。ＡＳＥＡＮ諸国から優秀な学生を招聘し、ＩＴ人材を育成することを目的に、午前はプロジェクト型の日本語教育を行い、午後はインターンでプログラミングの仕事をします。廃校をリノベーションし、その中で日本語教育、インターン、生活が完結するというユニークな学校として注目を集めていました。

〈大学いも〉は、ドキュメンタリーを見るのが好きで自分もつくってみたいという工業工芸デザイン学科の中国人学生と、すでに自主制作でドキュメンタリーをつくっているというデザイン情報学科

写真 3-8. 平澤さんへのインタビュー

の日本人学生のチームでした。

　取材は全部で3回行きました。1回目は、中国の学生とメンターの西本さん、私、米徳さん、また学校を見学したいということで、〈MA Link〉の学生や吉田さんも同行しました。午前の授業を見学し、午後に教務主任の平澤栄子さんにインタビューさせていただきました（写真3－8）。授業では、町のお祭りである奥多摩ふれあいまつりで、ご高齢の町民の方にもIT技術に親しんでもらうための出店をするというプロジェクトに取り組んでいました。ARの技術を用い、スマホをかざすと絵が飛び出てみえる神経衰弱のゲームと、いろいろな国の景色を体験できるVRを制作していて、日本語学校の授業にもかかわらず、その専門性の高さに皆が驚かされました。プロジェクトを通じてことばを学んでいくというコンセプトにおいて、奥多摩日本語学校と本授業は通底するものがあります。

翌週に開催された奥多摩ふれあいまつりには、中国の学生が一人で三脚とカメラを担ぎ、取材に行きました。初めての撮影で、日本語と英語を交えた取材は、とても緊張したようです。

あとから映像を確認すると、相手の話を聞き、頷くたびにカメラが動いて相手の顔が画面から消えるなど、いかにも初めて撮りましたという映像でしたが、それでも朝から夕方まで6時間撮影しました。結果、実際に奥多摩日本語学校の活動の成果を町の人々に披露している大切なシーンをカメラに収めることができ、地域の中で育つ学校という奥多摩日本語学校の理念を示す映像として貴重なものになりました。

最後の取材は、学生2人、メンターの西本さんと私の4人で伺いました。授業見学に加え、学生さんたちが調理室で昼食を調理している様子や、ログハウスのようにリノベーションされた居住スペース、午後のインターンの様子などを撮影させてもらうことができました。授業見学では、学生自身が発案し、設計したアプリケーションを開発するというプロジェクトに取り組んでいましたが、学生さんたちの企画プレゼンに対し、アドバイザーとして授業に参加していた企業の方から厳しいコメントが飛び交っていて、私もムサビの学生たちもその迫力に驚かされました。

それまで都合がつかず取材に来られなかった日本の学生も、ハイレベルなプロジェクト型の教育と、そこで学ぶ学生さんたちが楽しそうに調理する様子などを見学し、自分の想像を超えた世界が広がっていることに感銘を受けていました。今回のプロジェクトがようやく「自分ごと」になり、スイッチが入った瞬間です。

最後に平澤さんから、「いま、ここにあるのが多文化共生」ということばをもらい、学生たちは、自分たちが一緒にドキュメンタリーを撮っているこのプロジェクトも多文化共生の実践なんだと感じるようになりました。そして、作品のタイトルは「HERE——もう、ここにあった」に決まりました。

成果発表会

2019年2月2日、昨年度と同じムサビのデザイン・ラウンジにて成果発表会を行いました（写真3－9）。学生には、ハレの舞台だから男子学生はジャケット、女子学生はそれに準じた服装で参加することと伝えてありましたが、実際は全員リクルートスーツのような服装で現れました。

作品のコンセプトと取材を通して自分たちが考えた多文化共生について話してもらうのでチームごとに準備するようにと、事前に伝えてありました。それぞれにメモを準備していましたが、リハーサルではメモを読みながらつっかえている状態です。それが本番の時は、メモも見ずに自分のことばで堂々とメモ以上のことを話してくれました（写真3－10）。

1年目と同様、定員いっぱいの約80人の方々が発表会に参加してくれました。昨年から継続して参加してくださった方もいました。今年は取材に協力してくれた方たちも発表会に来てくださいました。あいあいからは福村さんと、あいあいに長年参加しているチュニジア人のソニアさんが来てくれました。ASIA Linkは小野さんが2人の社員をつれて、奥多摩日本語学校からは平澤さんがドキュメ

写真 3-9. 成果発表会の様子

写真 3-10. 作品のコンセプトについて話す〈大学いも〉

ンタリーに登場する学生さんたちと一緒に参加してくれました。お世話になった方々を目の前にし、責任感を持って、またあたたかい眼差しで見守ってくださったので、学生たちも安心感を持って発表に臨めたのでしょう。

印象に残っているのは、奥多摩日本語学校の学生たちがうれしそうに、ちょっと恥ずかしそうにそわそわしながら映像に見入っていて、「ここに奥多摩日本語学校のすべてがあります」とコメントしてくれたことです。発表会が、すばらしい再会と出会いの場となりました。

学びの場としての発表会

発表会は、学生にとってはまさにハレの舞台。普段着ないスーツを着て、カシオの重役の方や、普段出会うことのない大人たちの前で自分たちの作品を披露し、コンセプトを語り、質疑応答にも答えます。実は、自分の作品がどう社会に受け取られるのかを直に体感する機会は、美大生にとって希少です。この場で多くの人からフィードバックをもらうことが、学生たちにとっては大きな財産になります。それは、自分たちのこれまでの活動がどう社会に見えるのかを肌で感じることができるふりかえりの場と言えるかもしれません。そういう意味で、発表会は学生たちにとって、自分たちの学びを外にも自分たち自身にも「見える化」する場所になっていました。

一方、多文化共生を発信するプロジェクトとして発表会の意義を考えると、二つのことが言えるのではないかと思います。一つは、発表会自体が多文化共生をつくるための出会いの場になっていたことです。発表会には、多文化共生や日本語教育に関係する教師、学生、企業人などが集まってくださいました。休憩時間や発表会終了後も、いたるところで名刺交換をしながら話し込んでいる風景が見られました。参加者アンケートでも「多くの人がこの発表会に出席して、情報を交換、共有することができました。たいへん有意義な会でした」というコメントがありました。

もう一つは、多文化共生を改めて考える場になったということがあります。集まってくださった多くの方は普段の現場で多文化と向き合っている方ですが、それでも、学生の作品を通して改めて多文化共生とは何かを考えるきっかけになったと言います。「どの作品も多文化について考えるきっかけになり、それぞれの思いがつまったドキュメンタリーでした」、「改めて共生という点について考えさせられました」。また、発表会自体を「同じ空間にいることが一つの多文化共生なのだということを感じた1日でした」と評価してくれた参加者もいました。

特に日本語教育の関係者は、学生の学びのプロセスを見ることを肯定的に評価してくださいました。「昨年からずっと楽しみにしていた上映会です。学生たちが自由に、なやみながら、しかも多文化共生のために！日本語を使っている姿に本当に勇気づけられます」、「映像に想いをのせることの難しさやもどかしさが伝わってきました。今の想いが多文化共生を考えるきっかけになっていたり、なったりすることが大切だなあと想いました」。

多文化共生を発信するとは、多文化共生とは何かを伝えることではありません。学生たちと共に考え、学生たちが考えたことと、その考えに至るまでの過程を発信することで、一つの考えるきっかけや場をつくることだと感じました。この発表会には、学生や教員、産学の企業人はもちろん、発表会の参加者一人ひとりも、共に考える場としての意味があると思います。

プロジェクトのひろがり

2018年度の実践は、想定外の波及効果がありました。一つは、作品「ひとりじゃない」に登場したソニアさんが、以前より積極的にあいあいの活動に参加するようになってくれたそうです。ソニアさんは、自分が作品として取り上げられ、発表会でそれを多くの人が真剣に見ている姿を目の当たりにし、自己肯定感を得ることができたと言います。これは、ドキュメンタリーを制作した私たちにとってもとてもうれしいことでした。

もう一つは、奥多摩日本語学校の平澤さんの提案で、同年の3月に奥多摩町で町民の方々に上映会を開催したことです。奥多摩らしく、町内放送と回覧板で上映会の宣伝をしてくれました。平日の夜にも関わらず、奥多摩日本語学校の一室に町民の方々20名あまりが集まり、学生さんたちと一緒に奥多摩日本語学校のドキュメンタリーを視聴しました。知っている人が登場するたびに会場が沸いて、アットホームな一体感に包まれました。制作したムサビの学生も同行しましたが、1月の発表会とはまた異なる充実感と達成感を味わうことができました。

視聴後には、平澤さんのファシリテーションで、町民と学生さんたちがグループに分かれ、「多文化共生」とは何かについて話し合うというワークショップも行いました（写真3－11）。最後に、教

写真 3-11.「多文化共生」について議論する奥多摩の人々

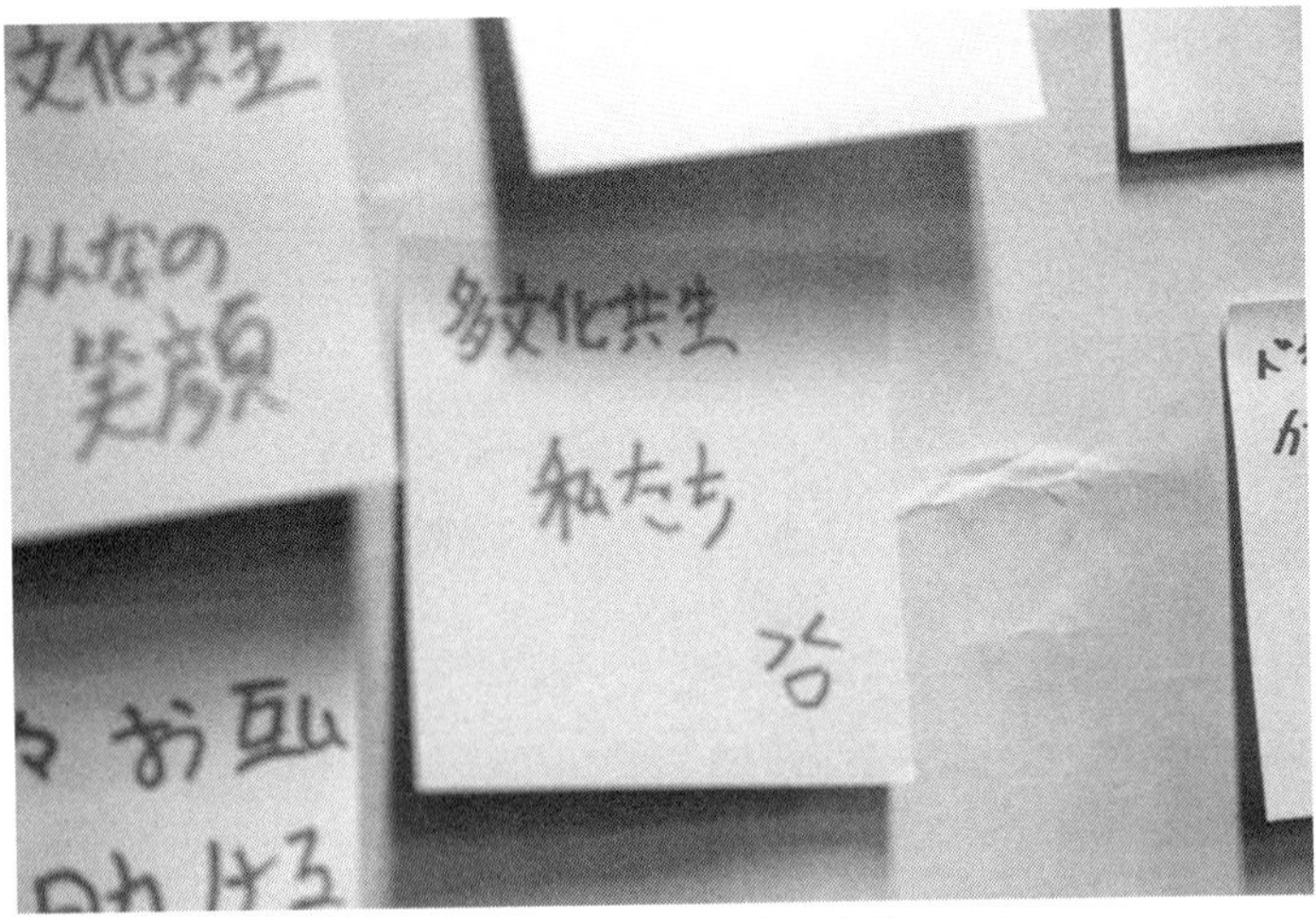

写真 3-12. 模造紙に貼り出された「多文化共生とは」

室の前に張り出された模造紙にそれぞれの答えを貼っていきます。「多文化共生　私たち」と書かれた付箋が、学校と町のすばらしい関係を象徴していました（写真3－12）。この短いことばにすべてが込められていると思います。

これらの事例は、取材の持つ暴力性や短期間で制作しなければいけないという制約の持つある種の無責任さに悩んでいた私にとって、大きな勇気となりました。これらの問題は、常にプロジェクトに内包され、向き合っていく必要があるものですが、それでも真摯にプロジェクトに向き合えば、協力してくださった方々にとってもプラスになる何かをもたらすことができるという実感を与えてくれました。

そして、このプロジェクトを通して、あいあいの活動が少しでも活性化したり、奥多摩日本語学校と町との関係が少しでも深まったなら、「多文化共生発信プロジェクト」は、新しい社会をつくっていくことに寄与することができるということです。この偶然こぼれてきた小さな種をなんとか大切に育てていきたい。そう思いました。

4. ふりかえり

手探りだった1年目の経験を糧に、新しいプロジェクトのデザインに大きな可能性を感じることができた2年目でした。

協働の深化

ドキュメンタリーをつくる過程で、取材交渉、取材、撮影、編集など、それぞれにできることを行う体制ができ、協働でモノをつくるという形ができました。たとえば、〈大学いも〉の2人は、1人が編集している間、もう1人が必要な素材を探しました。奥多摩ふれあいまつりのシーンをもう少し入れたいとなると、6時間に及ぶ膨大なデータの中から作品の意図にあった映像を探し出し、整理していきます。カシオのメンバーもメンターという形で参加し、取材や編集をサポートすることで、昨年よりもずっと強く「自分ごと」としてプロジェクトに参加できたと言います。

また、2年間続けたことで、私たち教員やカシオのメンバーたちの目線がゆっくりと合ってきました。このプロジェクトで私たちがめざしているものを、互いにすり合わせることができました。そして、目線が合ってきたことで、その彼方にある風景が徐々に輪郭を持ち始めたという感覚が私にはありました。つまり、自分たちの進むべき方向が、今回のプロジェクトで見えた気がしました。ただし、まだ細部において、もっと丁寧にデザインすることで、より協働が深まり、学生たちの学びも深いものになるだろうという反省もありました。

多文化共生というテーマ

多文化共生とは何か。本書の冒頭でも書きましたが、つきつめて考えると私自身しっかり答えられる自信がありません。簡単に答えることができない問いですが、その問いをプロジェクトの核に据えたことには大きな意義がありました。

そもそも大学というところは、答えのある問いを学生に投げかけてはいけないのです。学生たちが自身で問いをつくり、探究していくことを学ぶのが大学です。その経験を日本語のクラスでも積んでほしいと思っています。その意味では、多様な背景の学生たちが共に取り組むテーマとして、多文化共生はおもしろい。そして、そこで活躍している人たちは本当に魅力的です。実は、この授業を通じてそういう人たちに出会うということも、このプロジェクトの隠れた目的です。美大にいると、世界をアーティストと一般人に分けて捉えるという悪癖を身につけることがあります。この世界に「一般人」なんていなくて、アーティストでも、そうでなくても、その人にしかできないことを精一杯やって生きているということを感じてくれれば、きっとその経験はモノづくりに生きてくると思います。

言語化するということ

学生のドキュメンタリー制作を見ていると、伝えるということが細部へのこだわりにいかに大きく依存しているのかを痛感します。ちょっとした音のズレ、わずかな光の加減、そういうものをデザイナーは鋭くつかみます。学生たちは、米徳さんやカシオのデザイナーたちのアドバイスからそういったことを学び取っていきます。一方、私には映像を一度見ただけではそのような細部を把握することができません。しかし、それは小さなノイズの積み重ねとして、ストレスのようなものとしてのしかかります。だから、何か違う、という感覚は残ります。これがおそらく一般的な視聴者の感覚に近いのだろうと思います。結果、原因まではわからなくても、伝わらないという感覚は残ります。伝えるということは、細部にこだわることだと、プロジェクトを通じてよくわかりました。まさに「神は細部に宿る」です。

このことは、言語教育の授業をデザインし、運営することにも通底します。授業の大きな枠組みや教育内容がすばらしくても、学生への声かけや目線の合わせ方一つで、授業の成果は大きく変わってしまいます。このプロジェクトにおいても、そうした細部のブラッシュアップにはまだまだ改善の余地があると思いました。

米徳さんと話し合い、言語化するということをどのようにこのプロジェクトに位置付けていくかを見直すことにしました。一つは、企画や議論の際にしっかりと自分の意見を言語化することを習慣づけることです。学生たちが米徳さんが制作したドキュメンタリーを視聴し、議論した時、焦点が定まらず、ぼんやりとした感想を述べ合うことに終始してしまった感がありました。ぼんやりとした感想から入ることもまったく問題ないのですが、徐々に焦点を絞り、より分析的、あるいは批評的な目で議論できるようになってほしいと思います。そのためには、自分の見たもの、感じたことを批評的に言語化するトレーニングが必要です。

もう一つは、自分たちの発見をしっかり言語化し、残していくことです。このプロジェクトを通じて、学生たちはたくさんのことを感じ、発見していきます。しかし、その多くは、輪郭の曖昧な直感的な感覚で、時間と共に失われていくものも少なくありません。自分たちの感覚的な気づきを言語化していくことで、自分の中に取り込んでいく。それが、このプロジェクトにおける学びです。そのためには、ふりかえり、ことばに落としてこんでいくということを、さらに意識的に行っていく必要があります。この部分の改善を次年度の大きな課題としたいと思いました。

注)

(1) ライフストーリー研究とは、インタビューによって、人生/生活/命(life)の物語を聴き、その社会的意味を探求する研究です。私自身は、留学生のライフストーリーを通して、日本語を学ぶこと、日本で生きることの意味を研究してきました。詳細については、三代純平編(2015)『日本語教育学としてのライフストーリー:語りを聞き、書くということ』(くろしお出版)をご参照ください。

(2) 「質問づくり」は、問いを深めるために有意義なワークです。詳細は、ロススタイン・D、サンタナ・L、吉田新一郎訳(2015)『たった一つを変えるだけ:クラスも教師も自立する「質問づくり」』(新評論)をご参照ください。

誰でも自分のストーリーの主人公

エン・シャクカン（映像学科4年：チーム〈Y and S〉）

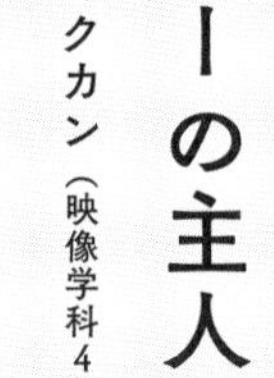

私は、2年生の時、このプロジェクトに参加しました。私は映像学科に所属して、映像について勉強しています。上級日本語の授業であると同時に、ドキュメンタリーの制作ができることで参加することを決意しました。プロジェクトを終えてから、だいぶ時間が経ってしまいましたが、記憶に残っていることは、初めて自分たちでドキュメンタリーの取材に行ったことです。取材相手は、「多文化ひろば　あいあい」の福村さんでした。

「多文化ひろば　あいあい」は、実際にどうやって運営されているのか。あいあいのような市民グループは必ず誰かが頑張っているからこそ続けられます。私たちの知らないところでたくさんの人が誰かのために頑張っています。そのことを取材を通して改めて実感しました。

私にも外国人であるからこそ出会ったトラブルの経験はありますが、外国人としてこの社会でいろいろな立場や状況で暮らすあいあいのお母さんたちのような方に出会ったのは初めての経験でした。その経験は、自分にとっての宝物だと思います。このプロジェクトに参加するまで自分以外の外国人が多文化共生についてどんなふうに思っているのか、どのように日本で暮らしているのか、考えることがありませんでした。

グローバル化という現状が進んで、もっと世の中は便利になりますが、ことばの通じない社会での子育ての大変さなどを取材を通して知ることができました。これから自分が日本で生きることについて、もっと深く考える機会になりました。今も時々、当時のことを思い出しています。今は、卒業後も日本にいることを考えています。まだ、世の中には、私が知らないことがたくさんあります。これからも私が知らない世界を取材し続けたいと思っています。

プロジェクトを通じて学んだことは、その人の後ろには想像できない、それぞれの物語があって、誰でも自分のストーリーの主人公であるということです。どこにいても、生きることや生活ということと必ず向き合わないといけないと思います。

私にとって多文化共生は、単に国の違いというだけではなく、人それぞれがユニークな存在であって、みんな自分なりの趣味や好みを持っている、完全に同じ角度から世界を見ることができない、しかし、違うからこそ、お互い尊敬し合うこと、だと思います。自分自身の社会における立場や、自分の周囲の人たちの立場を理解して、お互い協力して、生きていくことが私にとっての多文化共生だと思います。

尖った部分をさらに極める

シン・ハンソプ（工芸工業デザイン学科4年：チーム〈MA LINK〉）

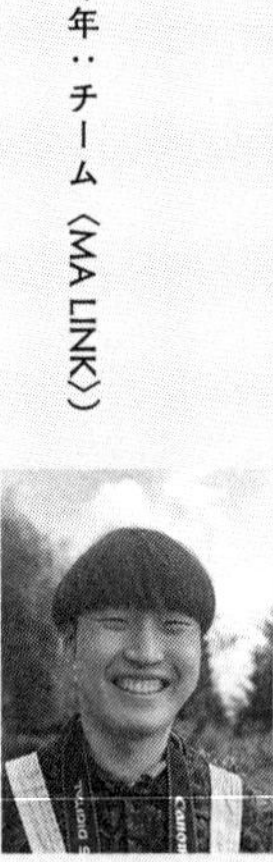

大学2年の後期から徐々に就職活動を準備する中で、実際に外国人が大学という枠から離れてからどのように日本社会で活躍し、どのように日本人と共に暮らしていくのか好奇心が湧いていました。この好奇心を解決するためのさまざまな方法を探っている中、授業の一環でカシオとの産学共同プロジェクトに参加し、多文化共生をテーマにドキュメンタリーを制作する日本語の授業に出会いました。私にとって、学外で教育や就職支援など多方面で外国人をサポートする方々を取材できるチャンスであり、その取材を通して日本社会で暮らす外国人のより現実的な話を聞けるメリットがあることに魅力を感じ、履修を決意しました。

このプロジェクトに参加した私は序盤から難関に直面しました。それは私が所属していたチームで、最初に取材しようとしていた施設が予想以上の取材時間が必要とされたため、取材を中止せざるを得ない事態になったことです。その施設では過去に外部からのさまざまなトラブルによる痛みを経験していました。ゆえに、子どもたちを守るため、子どもや子どもの両親と長期間の関係を通し、信頼を得てからの取材を進めることを求めていましたが、私たちの限られた時間では取材することができないと判断しました。

取材はできませんでしたが、私はその取材先とのやりとりを通して、日本に住んでいる多国籍の子どもたちの現実を学ぶことができました。高校1年生の頃、日本語もしゃべれない状態で日本の高校に留学した時、言語の壁や細かな文化の違いで苦しい現実に向き合った経験が取材先の子どもたちの気持ちに共感できる橋となりました。日本で苦しかった高校留学時期に私を支えてくれた友だちやホストファミリーがいたからこそ成長ができた自分の経験をふりかえりました。

幸いにも、私たちはASIA Linkという団体を取材することができました。私の就職活動とも直結する取材先だったので、代表の小野さんとのインタビューは心に響く内容でありました。その中でも「自分が持っている尖った部分を無くすのではなく、さらに極めることが大事だ」という一言はこれからの就職活動にあたって、何回も思い出し、力となることばでした。実際に会社のデザインインターンシップ中でもこの話を想起しながら、人との違いを間違いではなく自分のオリジナリティーとして捉え、極めることで独自のアイデアを提案することができました。

このプロジェクトは多国籍の子どもたちの暮らしや日本社会に進出する外国人の就職活動など履修前に私が学びたいと思っていたこと以上の学びを得られる機会でした。このプロジェクトを通して、私は多文化共生というのは外国人に限らずすべての人が各々文化を持っていて、自分と違う人を「間違い」ではなく「異なる」人として認識することから始まり、各々自分たちが持っている違いを活かすことで、お互いに支え合うことだと思います。これから自分の違いを強みとして捉え、極めることで、自分の前にある壁を乗り越えていきたいと思います。

現場の取材を通した学びと感動

吉田修作（新世界教育集団日本語事業戦略部、元カシオ計算機事業戦略本部）

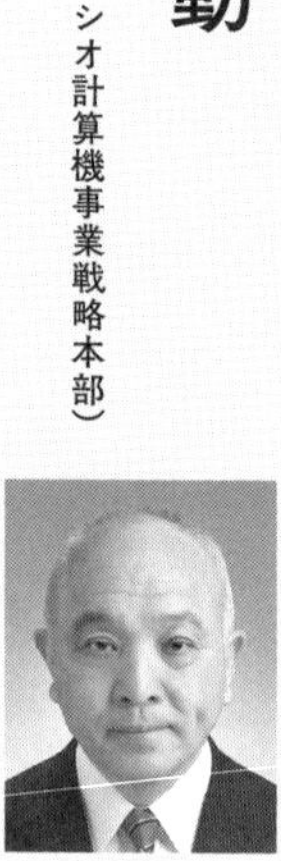

1年目のプロジェクトは、カシオ社内にASEAN地域の日本語学習者向けの電子辞書の開発が事業化テーマとして設定されていたので、「日本語学習支援プロジェクト」として実施しました。しかし2年目を迎える頃に、この事業化テーマが延期（未定）となり、次年度のプロジェクトへの参画について、再考することが求められました。

協議をする中で、特に焦点があたったのが1月末の発表会でした。日本語教育者、出版社など、日本語教育に関わる専門家の方々に多数ご参加いただきましたが、予想をはるかに超えた、高い評価をいただくことができました。さらに、3月はじめに言語文化教育研究学会で三代さんがプロジェクトの研究成果を発表された際にも、非常に多くの日本語教育専門家の先生方から強い関心が寄せられました。私たち日本語教育の門外漢にはまったく予期していなかったことで、このプロジェクトで進めていることが、日本語教育に大きな意義を持っていることを初めて知った次第です。

社内で協議の結果、こうしたことに参画・支援してゆくことは会社の将来に有効との声が高まり、継続して推進することが承認されることとなったのです。

こうした経緯から、2年目はテーマをASEANの日本語教育から切り離し、三代さん、米徳さんのご発案により「にっぽん多文化共生発信プロジェクト」と決まり、私たちの参画のしかたも変わりました。1年目は、学生さんたちが作品をつくる節々で発表を聞かせていただき、これへの評価・コメントを行うことがメインでした。これが2年目は、われわれも各グループの構成メンバーとして参加。私も3つすべてのチームのインタビュー・収録に立ち合い、学生さんたちと、企画・編集にも踏み込んだ議論を交わすこととなりました。

特に印象的だったことは、学生さんたちの真剣な姿です。学校から離れ、多文化共生を実施している日本人の大人に会うために出かける。ほとんど社会人との交流の経験がない学生さんたちが、自らアポイントをとり、質問を準備して、指定された時間に訪問、収録機材を設置して、堂々とインタビューしていた姿です。「多文化ひろば　あいあい」を取材した際には、外国人ママが子育てで苦労している話を聞きながら、参加者手作りのチュニジアのケーキをいただきました。ASIA Link の小野社長と同行した部品メーカーでは、中国人社員の方が営業先で「取引先に担当を日本人に代えてほしいと言われた」と語りながら、それでも元気に働く姿に勇気づけられました。奥多摩日本語学校では、インドネシアとフィリピンから来た留学生が、奥多摩町の地域のお祭りで地元の人々に、自分たちのつくったVR技術のゲームを楽しんでもらっている姿に励まされました。

多文化共生の現場を取材し、学生さんたちも、私たちも、これからの人生を歩んでゆく上で貴重な経験をしたという想いを共有しました。その学びと感動は、翌年2月2日の発表会、その後のビデオ作品の発信によって、多くの方にも共有いただくことになったと確信しています。

第4章

にっぽん多文化共生発信プロジェクト2019

「にっぽん多文化共生発信プロジェクト」
2019年度　成果発表会プログラム

日時：2020年1月31日
場所：武蔵野美術大学デザイン・ラウンジ

開会宣言／ムサビ側挨拶

発表1「私たちが生きる、この国を知る」 制作：〈SHUMai〉
質疑応答

発表2「笑顔 to 笑顔—小平市国際交流協会」 制作：〈leel〉
質疑応答

発表3「しあわせのレストラン」 制作：〈light〉
質疑応答

発表4「つなぐ」 制作：〈3ヵ国協議会〉
質疑応答

発表5「きづくをきずく」 制作：〈ENTER〉
質疑応答

発表6「今日からできること—5つの軌跡を辿って」
制作：芸術文化学科　米徳ゼミ

メイキング制作コメント、質疑応答

来賓より総評／カシオ側総括／記念品・修了証の贈呈
記念撮影・閉会宣言

私は大勢の前ではもとより、少数の人々の前も親しい人でなければ、自分の意見をよく言えない性格だ。しかし、今回の授業は自分の意見を少しでも発言しないと、前に進めない授業であった。そのため、恥ずかしくて、自信がなくても実際に発言してみると、自分の意見が間違っていたり、恥ずかしがる意見ではなかったことに気付いた。それで今後も、グループ課題があったら、もう少し自信を持って話そうと思った。

——韓国人留学生

2年目に感じた可能性を形にしていったのが3年目です。2年目の活動の目的と枠組みを踏襲しながら、実践全体をよりシステマティックにして、細部の工夫や改善を心がけました。めざしていたものが輪郭を持ち、手触りを持ってきたとプロジェクトのメンバーが感じることができたのが3年目でした。

1. 言語化する

ことばにすることの大切さ

3年目のテーマは、言語化です。ことばにしてみるということ。なぜ、これが大切なのでしょうか。オリエンテーションで、私は学生に次のように伝えています。

このクラスは、日本語のクラスです。でも、正しい日本語を私が教えたりはしません。今、私たちは、いろいろな文化やことばを持つ人たちが一緒に生きる社会に暮らしています。そこでは、私たちは新しい社会をつくるために、新しいコミュニケーションをつくっていかなければなりません。このプロジェクトを通じて、新しいコミュニケーションを自分なりに見つけてください。たった一つの正しいコミュニケーションがあると私は思いません。それぞれの個性に合ったコミュニケーションがあっていいと思います。それを自分たちで経験的に学び取るのが、このプロジェクトの第一の目的です。

経験的に学ぶというのは、体験したことをふりかえって、言語化して、経験として自分の人生の中に位置付けることです。この経験こそが、すなわち学びです。そのため、体験とふりかえり＝言語化をこの授業では重視します。

以上が、私が授業のオリエンテーションで学生たちに話したことです。半分くらいの学生は頷いて、半分くらいの学生はぽかんとしています。いずれにせよ、最初のオリエンテーションでは、このことばの本当の意味はまだ届かないでしょう。しかし、冒頭に引用した、プロジェクト参加後の留学生の感想のように、きっとプロジェクトを終えた多くの学生は、経験的に自分のコミュニケーションを学び取ってくれていると思います。

ふりかえりシートの導入

この「ふりかえり」をシステマティックに行うために、授業の最初の5分に、その日のクラス内容と目標を伝えて、それを受けた自分の目標を具体的に記入するようにしました。そして、授業の最後の5分でその目標に対して自分がどうであったかを記入するようにしました。ふりかえりシートは、授業後に回収し、私がチェックし、翌週返却します。毎回の授業をファイリングしていくため、ポートフォリオのように積み上がっていきます。また、ふりかえり欄に、授業の要望や相談などを記入する学生もいたので、学生と教員のコミュニケーション・ツールとしても機能しました（写真4－1）。

表現と言語化

米徳さんと私が初めて一緒に仕事をしたのは、米徳さんがコーディネートしている「造形と批評」というオムニバス形式の授業です。表現活動において、批評する、つまり言語化するという行為が重要であるという問題意識から立ち上げられたクラスです。

米徳さんは常々、自分たちの見たもの、考えたことを言語化することの重要性について語っています。言語化することで、自分の理解が輪郭を持ち、そこから気づきを深めていったり、他人と共有、議論していけるからです。表現するということを学ぶ学生は、時に言語以外の表現手段を持つため、言語を軽視してしまうことがあります。しかし、言語化することが自分たちの表現を高めていく上で

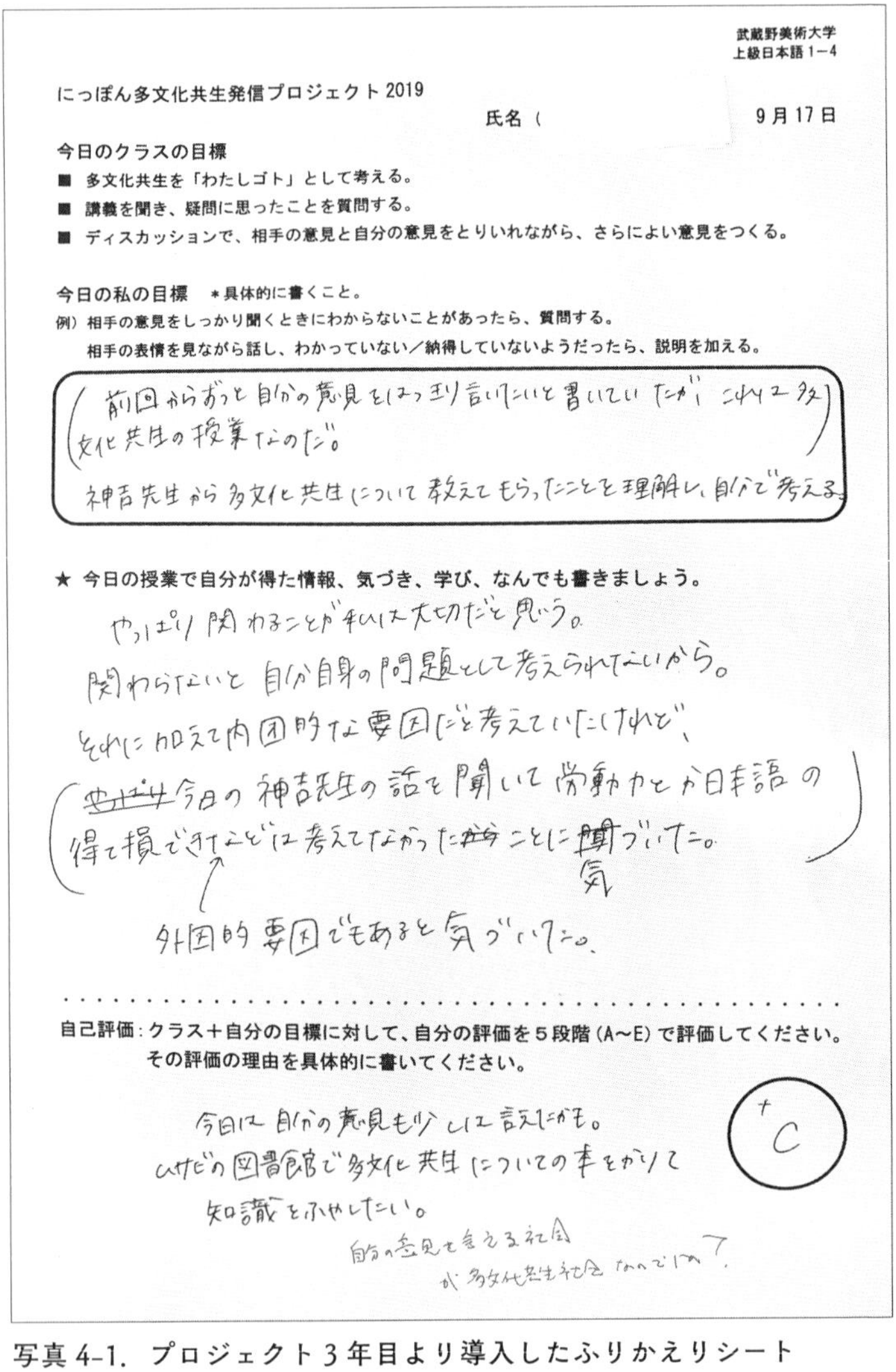

武蔵野美術大学
上級日本語 1－4

にっぽん多文化共生発信プロジェクト 2019

氏名（　　　　　　　　）　　9月17日

今日のクラスの目標

■ 多文化共生を「わたしゴト」として考える。

■ 講義を聞き、疑問に思ったことを質問する。

■ ディスカッションで、相手の意見と自分の意見をとりいれながら、さらによい意見をつくる。

今日の私の目標　＊具体的に書くこと。

例）相手の意見をしっかり聞くときにわからないことがあったら、質問する。
相手の表情を見ながら話し、わかっていない／納得していないようだったら、説明を加える。

（前回からずっと自分の意見をはっきり言いたいと書いていたが、これは多文化共生の授業なのだ。）
神吉先生から多文化共生について教えてもらったことを理解し、自分で考える。

★ 今日の授業で自分が得た情報、気づき、学び、なんでも書きましょう。

やっぱり関わることが私には大切だと思う。
関わらないと自分自身の問題として考えられないから。
それに加えて内因的な要因だと考えていたけれど、
（~~やっぱり~~今日の神吉先生の話を聞いて労働力とか日本語の得て損できるなどは考えてなかった~~から~~ことに気づいた。）
外因的要因でもあると気づいた。

自己評価：クラス＋自分の目標に対して、自分の評価を５段階（A～E）で評価してください。
その評価の理由を具体的に書いてください。

今日は自分の意見も少しは言えたかも。
ひさびの図書館で多文化共生についての本をかりて
知識をふやしたい。

＋C

自分の意見を言える社会が多文化共生社会なのでは？

写真 4-1．プロジェクト３年目より導入したふりかえりシート

も非常に重要なのです。

そこで、米徳さんからの提案で、取材後、必ずファミレスや喫茶店でふりかえりを行い、それを言語化し、提出することになりました。

議論の共有

協働をより活性化し、チームでの作業を可視化していくために、slack[1]を導入しました。クラス全体のチャンネルを一つつくり、全体で共有すべき議論や指示を行う一方で、チームごとのチャンネルで、取材依頼のメールのチェックなどに対応しました。チームごとのチャンネルもオープンにしておき、先行するチームのメール文案などをほかのチームが参照できる状態にしておきました。slackの利用により、人数の増えたプロジェクトの管理をかなりシステマティックに行うことができました。

2. プロジェクト3期生

昨年から履修者が大幅に増加し、上級日本語クラスの履修者が19名となりました。米徳ゼミも5名に増えました。

上級日本語の履修者は、日本人学生が13名、中国の学生が3名、韓国の学生が3名と、日本の学生が大きく増加したのが特徴です。中でも、7名が新学科のクリエイティブイノベーション学科の1年生でした。

　当初、チームに分かれて複数の取材や制作を見ていくには、人数が多すぎると感じました。役割分担を考えると、3名で1チームにしたいところです。しかし、そうすると、19名では6チームになります。6つの取材先をフォローし、制作の指導を行うのは、現実的には難しいと思いました。

そこで、オリエンテーションで前年度の米徳ゼミの作品を見せ、学外の取材にも行き、課外での作業時間が多いことを誇張しながら伝えて、人数を絞り込もうとしました。しかし、それでもほとんどの学生が履修を決意し、私たちも腹を括りました。1チームの人数を増やして、5チームでなんとかやろうということになりました。

　カシオからは、2年目の中心メンバー

表 4-1．2019 年度　カシオの中心メンバー

名前	部署（当時）	紹介
大塚　功	事業戦略本部	吉田さんの後を引き継ぎ、プロジェクトのカシオ側のとりまとめを担当。今年度からの参加。授業にも取材にも積極的に同行し、学生たちをあたたかくサポート。〈3ヵ国協議会〉のメンター。
加茂孝幸	事業戦略本部	今年度からの参加。悩む学生の良き相談相手になってくれた。〈leel〉のメンター。
奈良勝弘	デザイン統轄部	チームのほとんどの取材に同行。メンターというよりチームリーダーのような役割。作品にも親子で出演。〈light〉のメンター。
西本浩二	デザイン統轄部	あいかわらず取材熱心。学生のインタビューの横で、一緒にメモをとっていたのが印象的。〈SHUMai〉のメンター。
キム・ドヒ	デザイン統轄部	2年目の参加。今年はメンターに入ってもらい、学生のサポートをしてくれた一方、昨年同様、発表会の準備など、全体的な部分もサポートしてくれた。〈ENTER〉のメンター。

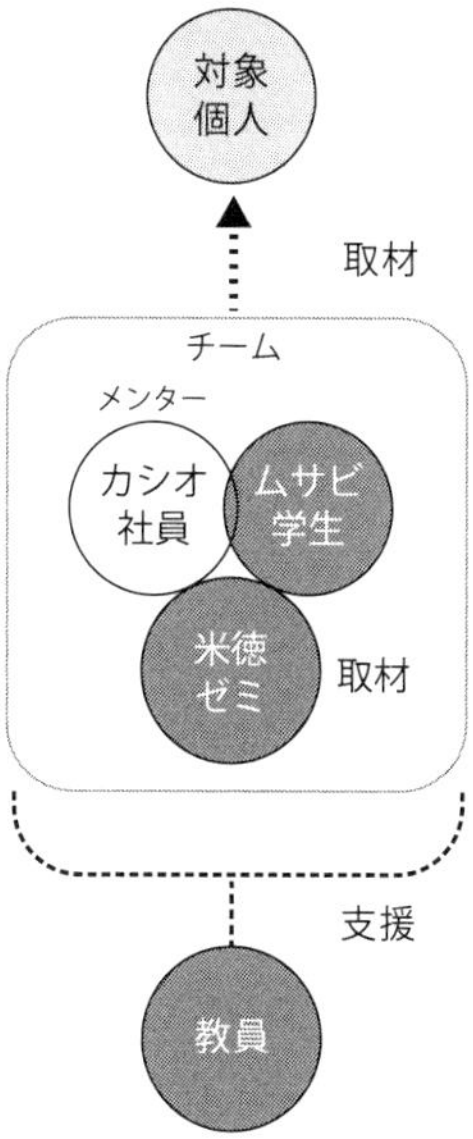

図 4-1. 2019 年度（3 年目）のプロジェクトの関係図

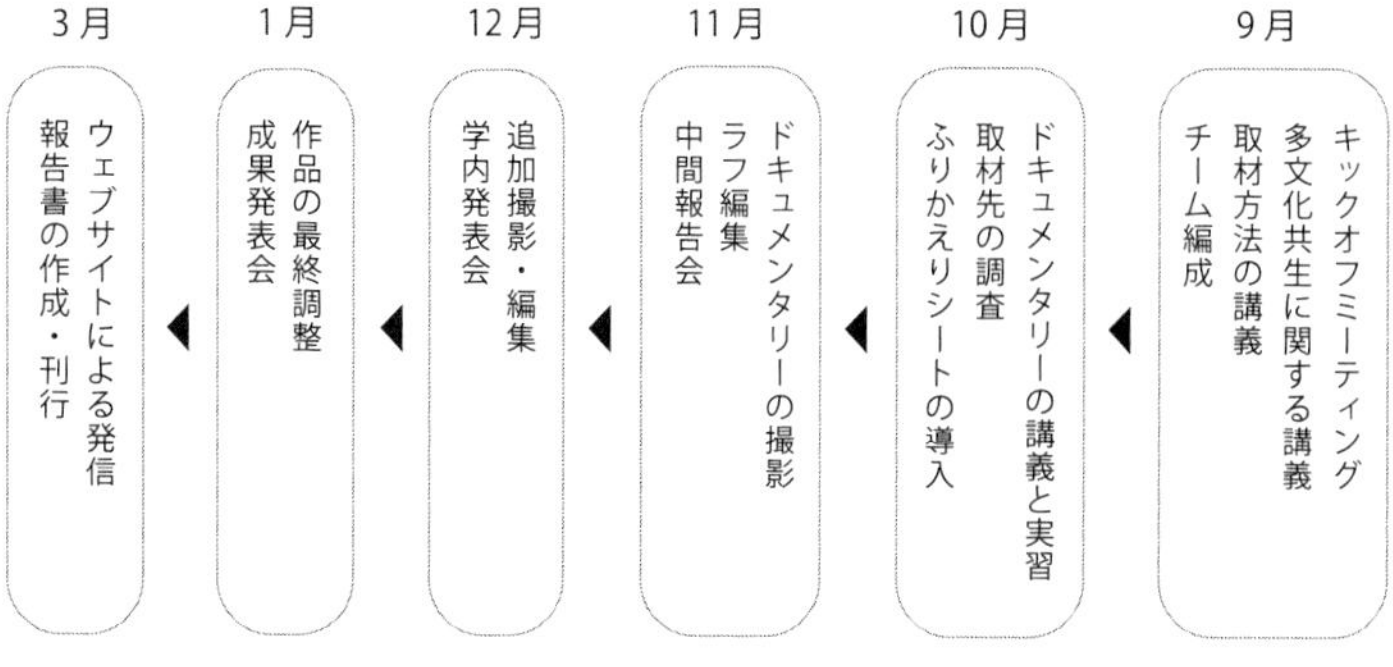

図 4-2. 2019 年度（3 年目）のプロジェクトの流れ

だった吉田さんが定年退職したため、その後を引き継いで大塚功さんが加入しました。また同じ部署の加茂孝幸さんも加わりました。デザイン統轄部からは、引き続き、奈良さん、西本さん、キムさんが参加してくれました（表4－1）。

3. プロジェクトの流れ

例年同様、後期の授業内で行いました（図4－1、図4－2）。

キックオフ：1～2週目

1週目のオリエンテーションでは、前年度の米徳ゼミの映像を視聴しました。見終わった後は、思ったより大変な授業になりそうだと、不安を口にする学生も多くいました。しかし、そんな学生たちのほとんどが、履修の決意を固めてくれました。

2週目はメンバー全員の自己紹介です。学生が履修動機などを話した後、カシオのメンバーが自己紹介をしました。カシオのメンバー全員にスライド資料の準備をお願いし、携わっている仕事なども含め、自己紹介してもらいました（写真4－2）。企業人なのでプレゼン慣れしていて、聞いている人がひきこまれるような自己紹介です。

全員の自己紹介が終わった後、学生には自分とカシオのプレゼンを比べてふりかえってもらいました。学生は、いつものように立ち上がって、名前と所属、動機や関心を話しました。それを誰に伝えるのか、どう伝えれば伝わるのかということはお構いなしで、順番が来たらただ話すという感じです。そういう学校文化で育ってきたわけで、彼ら／彼女らではなく学校教育の責任です。企業の人は、一緒にプロジェクトをする学生に自分のことを伝えたいという明確な意思が感じられました。この違いをしっかり意識して、このプロジェクトを通じて何度もプレゼンする中で、自分たちのプレゼンの質も上げていくように学生たちに伝えました。

神吉さんの講義：3週目

今年度は、昨年よりさらに取材の準備に時間をかけるようにしました。神吉さんの講義を4週目から3週目に前倒しし、質問づくりのワー

写真 4-2. 自己紹介をする西本さん

クショップは、2週目の自己紹介の後に行いました。

神吉さんも、昨年度講義をし、プロジェクト全体も見ていてくれたので、今後のプロジェクトにつながるようにワークショップの時間を工夫してくれました。最後に、自分たちがこのプロジェクトを通じてどのような社会を実現したいのかを考える時間をつくってくれました。そのおかげで、翌週につながるいい時間になりました。

取材準備：4週目

4週目から取材の準備です。まず1年目と同じ方法で、チーム分けをしました。5チームとするため、1チーム4名を基本としました。2年目から変更したのは、取材対象を「団体」から「個人」としたことです。団体を対象とした時、活動しているのは基本的に平日の昼間になります。しかし、学生たちは月曜日から土曜日まで毎日、必修の専門科目を受講しているため取材の日程を合わせるのに苦労しました。そこで個人を対象とし、夕方や週末にも比較的取材しやすいようにしました。また、昨年、団体を対象とした際に実際に運営している方が日本人の作品にかたよっていました。今回、日本人の学生が多く履修していたこともあり、日本で活躍している外国人も取材対象として紹介できるようにしました。

まず、自分たちのチームで「多文化共生」ということばをどう捉えるのか、そして何を知りたいのかということを話し合い、それを踏まえた上で取材対象を決めました。いくつか私の方で、こんな人がいるというのを紹介しましたが、幅を持たせるために、ほかにも自分たちで自由に取材対象を考えていいことにしました。

取材交渉にあたっては、取材目的と取材結果の公開について明確に伝えるようにし、依頼のメール文については、一度私の方で確認するように徹底しました。

3年目の課題は、言語化です。そこで、取材にあたって自分たちの問題意識を言語化するために、各グループで質問を50個準備することにしました。これは決してこの50個の質問をすべてしてくるというものではありません。質問をたくさんつくるという作業は、自分たちの問題意識を具体化していく作業であり、グループで共有しながら深めていく作業です。たとえば、たった一つ「多文化共生とは何ですか」と聞くのは簡単です。それっぽい答えも返ってくるでしょう。しかし、それでは、彼／彼女の本当の想いは伝わらないのです。何をしているのか、どうしてそんなことをしているのか、具体的な活動とそこに張り付いている想いを削り出すように訊いていくことが取材では求められます。各グループ50個つくった質問をカテゴリー化したり、質問の意図を私や米徳さんと議論したりしながら、問題意識を明確にしていきました。

取材で繰り返し私から指摘したことは、取材相手の具体的な経験をみること、きくことです。学生たちは、何か抽象的な概念を相手に教えてもらおうとする傾向があります。たとえば、ネパール人の取材協力者がいたら、「ネパールと日本の違いについて教えてください」と安易に聞いてしまいます。しかし、取材で重要なことは、目の前の相手のことを知ることです。その人が何を経験しているのか、その経験から何を想っているのかを中心に聞くことの大切さを伝えました。

インタビュー映像の撮影と編集練習：5〜6週目

3年目は、ほとんどのチームが映像の編集が初めてという状況でした。そこで、2週間まるごと映像について考える時間をとりました。昨年の反省から映像をより分析的に見ることを意識し、批評的な視点から映像を捉えるように、米徳さんから講義がありました。

また、新しい試みとして、米徳ゼミの学生が私に対してインタビューを行い、その映像をゼミ生5人がそれぞれの視点から編集したものを視聴しました。このことで、編集のしかたによって伝わり方がいかに異なるのかがより明確になりました。

5週目の課題として、各チームでメンバーの一人を対象にインタビューを撮影し、編集してくることとし

写真4-3．インタビュー映像の講評

ました。それを6週目に全体で視聴し、米徳さんから撮影、編集についてフィードバックを行いました（写真4－3）。

取材：7～13週目

6週間の準備を経て、取材が始まりました。今年も各チーム、最初の取材には私が同行するようにしました。2回目以降はできるだけ自分たちだけで行かせるようにし、適宜カシオのメンターの方に同行してもらいました。昨年より1チームの人数が多く、分担できたこともあり、モチベーションも非常に高かったので、どのチームも何度も取材に出かけ、遠いところでは銚子や浜松にまで出かけました。それぞれのチームの取材と編集の進め方について、13週目以降の課外の時間も含めて紹介したいと思います。

チーム名：ENTER
タイトル：きづくをきずく
取材協力：神吉宇一さん（武蔵野大学）

作品WEBサイト

〈ENTER〉は、ことばやコンセプトを大切にし、それがどうすれば視聴者に伝わるのかを試行錯誤したチームでした。全員学科の異なる日本人学生3名と韓国人学生1名、そしてメンターのキムさんから編成されたチームです。

ゲストとして印象深い講義をしてくれた神吉さんに取材することになりました。神吉さんの「多文化共生とは、国籍だけではなく、一人ひとりの持つ多様性を受け入れていくことなのではないか」という話に感銘を受け、もう少し深く話を聞きたいと学生たちは考えました。

神吉宇一さんは、武蔵野大学グローバル学部の准教授として教鞭をとる一方、日本語教育学会の副会長を務め、文化庁の委嘱で地域日本語教育スタートアップアドバイザーを担うなど、多岐に活躍しています。そんな彼を、〈ENTER〉は、インタビュー、ゼミ、アドバイザーとしての活動など、6回にわたり取材しました。

このチームで印象的だったのは、苦労して自分たちのメッセージをつくり上げて、そこから、さらにもっと苦労して、そのメッセージが伝わる形を探求したところです。前述の50個の質問をつくる活動でも何度も私のところに相談にきて、どうすれば「多文化共生」というテーマを理解するための問いになるのかを議論しました。多文化共生とは何か。この本質的な問いに必死に迫ろうという姿勢が、取材の際の神吉さんを見つめる眼差しには現れていました（写真4－4）。

神吉さんへのインタビューから「国などの違いだけによらない多様性の大切さ」「おもしろい、楽しいという切り口をきっかけに始まる多文化共生」など、印象深い語りを引き出しました。そこで、神吉さんのインタビューを中心にドキュメンタリーを編集しました。しかし、ことばだけでは、まだドキュメンタリーとして自分たちの発見したこのメッセージを十分に伝えることができません。イン

写真 4-4. 真剣に神吉さんを見つめる〈ENTER〉

タビューのことばが中心となっている編集を見て、米徳さんからは「まだ自分たちで自分たちの発見が何なのか消化できていないのではないか」という指摘がありました。神吉さんのことばと神吉さんの活動がセットになることで、ある手触りを持った、学生たち自身が「気づいた」多文化共生の形が立ち現れます。神吉さんが具体的に教育活動に携わっている様子と、その活動に込められた想いが一つになった時、メッセージはリアリティを持って視聴者に伝わります。具体的な活動の映像と多文化共生とは何かについて語る理念的なことばが重なることで、初めて視聴者に伝えるメッセージの輪郭がくっきりと見えてくるのです。伝えるためのことばを探していた〈ENTER〉は、そのことばが伝わるものになるための映像を模索しました。まさに、マルチメディアを駆使して伝えるということと向き合ったチームでした。

チーム名：leel
タイトル：笑顔 to 笑顔――小平市国際交流協会
取材協力：小平市国際交流協会（KIFA）

作品WEBサイト

〈leel〉は、コツコツと小さな石の礫を積み上げるように作品をつくりました。〈leel〉は、日本の学生3名、中国の学生1名、それに加茂さんがメンターとして加わったチームです。

取材対象のKIFA（Kodaira International Friendship Association）は、ムサビがある小平市の国際交流協会です。定住外国人のための防災啓発のための絵本やゲームを一緒に開発するなど、ムサビとは以前から交流がありました。しかし、多くのムサビ生は、大学の近くに国際交流協会があるということやムサビの留学生以外にも多くの外国人が小平市に暮らしているということさえ知りません。〈leel〉のメンバーもそんな素朴な驚きから、KIFAの取材を決めました。なお、もともと「個人」としてKIFAの代表者の方を取材する予定でしたが、取材を進めるうちに、ボランティアのスタッフの方々の働き方に影響を受け、このチームだけは「団体」を取材することとなりました。

最も多くの取材を行ったのがこのチームです。事務局の方々へのインタビュー、日本語教室、国際交流フェスティバルなど、計7回足を運んでいます。しかし、どちらかと言うとおとなしい学生が集まったチームで、最初は恥ずかしそうに取材していました。初めてのインタビューでは緊張からか、下を俯いて黙ってしまい、KIFAの職員の方が気を使って、こういうことが聞きたいの？と確認しながら、いろいろ教えてくれる形になりました。

　そんなほろ苦いインタビューで学生たちが関心を持ったのは、KIFAの事務局の方たちが外国人の暮らしや国際交流を直接支援するというより、そうした活動を組織し、実際に活動するボランティアの方々を裏で支えることを重視しているということでした。そのいぶし銀な働き方に関心を抱いたようです。そこで、ボランティアが活き活きと活動する姿とそれを支えるKIFAの事務局のあり方を中心に描きたいと学生たちは考えるようになりました。

　取材を重ねるたびにKIFAとの距離も縮まり、国際交流フェスティバルではKIFAの皆さんから声をかけられ、打ち上げのパーティーにも招待されていました。いろいろなイベントに参加し、データもたくさんあり、登場人物も多様という中、編集の段階でも大きな壁にぶつかっていました。中間報告会では、取材したイベントを順番に並べたものを上映しましたが、カシオのメンバーからは厳しいフィードバックをもらいました。コンセプトとしてKIFAの支えのもとで活き活きと活躍するボランティアと、活動を楽しむ参加者の姿を描きたいと述べましたが、映像からはまったくそれが伝わらないというのです。奈良さんからは、楽しさを伝えたいというが映像には笑顔がほとんどないじゃないかという指摘がありました。キムさんからは、映像を見ると、支える側が日本人で、支えられる側が外国人のように見えることが不愉快ですらあるという、この授業の核心をつくようなコメントがありました。

　実際のKIFAの活動は、英語教室や中国語教室、子どものための国際理解講座など、地域の外国人

写真 4-5. 〈leel〉制作「笑顔 to 笑顔──小平市国際交流協会」より

住民がボランティアとして活躍するものが多くあります（写真4－5）。しかし、着物を着た留学生たちを案内するKIFAのボランティアスタッフなどに焦点があたっていて、客観的に見るとそう受け取られてもしかたがない映像になっています。もしかすると、どこか無意識に支援される外国人、支援する日本人という構図が学生たち自身の中にあったのかもしれません。それらが意識化できたとしたら、それは貴重な経験だと思います。キムさんからは、着物を着る外国人からは、多文化よりも日本文化を着せられる外国人というイメージが伝わるという、これまた鋭い指摘もありました。そのイベント自体は皆楽しそうに参加していて、とてもいい映像だったのですが、全体としてどのように編集するか、大きな課題が残りました。

厳しいフィードバックも自分たちなりに消化

しながら、編集作業にあたりました。一つひとつ課題をクリアしていきます。多岐にわたるKIFAの活動の全容を描くのは困難です。最初は図を使って冒頭で説明しようとしました。しかし、はめてみるとしっくりいきません。今度はナレーションで説明してみました。すると、説明っぽくなってしまい、映像の持つ肌感覚のようなものがぼやけてしまいます。映像で伝わるように工夫しながら、ナレーションをどんどん削っていきます。

このような作業の末に行きついたラストシーンは、初回のインタビューの反省から、十分に準備と練習を重ねて挑んだ最後のインタビューで職員の方にいただいたことばに、KIFAの方々の笑顔を重ねていくというものでした。膨大なデータからメンバーが手分けをして時間をかけて笑顔を探していました。そのプロセスをかたわらで見ていた私にとっては、感慨深いラストシーンになっています。

チーム名：SHUMai《シューマイ》
タイトル：私たちが生きる、この国を知る
取材協力：エンピ・カンデルさん（ユニバード株式会社）

作品WEBサイト

このチームは、「私たち」とは誰か、という大きな問いと向き合いました。2名の日本人学生と1名の韓国人学生、そして、西村さんがメンターとして参加したチームです。3人共クラスでは物静かな印象でしたが、芯には熱いものを秘めていました。毎週のようにチームで自主的に集まって、私の知らないところで膨大な作業を続けていたことは後から知りました。スケジュール通りに取材、編集を進めたので、ほかのチームを牽引してくれました。

取材協力に応じてくれたエンピ・カンデルさんは、留学生として来日し、自身の経験に基づき、留学生の就職支援事業を自分で立ち上げた起業家です。相手に熱く訴えかけるエンピさんのプレゼンは圧巻です。日本を良い社会にしたい、日本で留学生たちが活躍できるようにしたいというエンピさんの想いとそのための行動力に、学生たちは衝撃を受けます。そして、自分たちもエンピさんから学び、エンピさんのように社会のために何ができるのかということを考えるようになったと、学生たちは言います。

そこで、このチームは自分たちの視点から見えたエンピさん、そして、エンピさんを見て考えた自分たちというものを大切にしながら作品をつくることにしました。インタビューに加え、職場やエンピさんのセミナーの様子を取材する一方、メンバーの留学生が実際に就職相談を受け、その様子も撮影しました（写真4－6）。

自分たちの視点で描くということが、決まりました。しかし、ここで「自分たち」って何だろうという問いが生まれます。最初の中間報告会で上映された映像のナレーションに、「私たち日本人」ということばがありました。ナレーションを入れた日本人学生にとって、外国人であるエンピさんが自分よりずっと高度な日本語によるコミュニケーション能力を駆使し、ずっと真剣に日本社会について考えているということは、まさに衝撃的だったのでしょう。それを見て、「日本人」である自分も

写真 4-6. 〈SHUMai〉制作「私たちが生きる、この国を知る」より

もっと日本について考えようと思ったことは、予想に難くありません。しかし、そこに素朴に「日本人」と「外国人」という二項対立を持ち込んでいるのなら、それを一回問い直してみることが多文化共生を考える出発点です。しかも、メンバーの一人は留学生です。ナレーションの「私たち日本人」に、彼女は含まれないことになってしまいます。この点は、私の方から再考するように指摘しました。

すると、学内発表会では、日本人ということばが落ち、「日本で暮らす私たち」というナレーションに変わっていました。ラストシーンは、就職支援を受けたメンバーの留学生が未来に向けて希望を語る場面になり、映像全体の印象もとても前向きなものになりました。

メンターの西本さんは、常に取材に同行しながら、一歩引いた立ち位置で見守ってくれていました。最初はチームで話し合う時もぎこちない感じがあったけれども、徐々に表情が綻んできたのをそばでも感じたと言っていました。取材や編集作業などのグループワークを通じて、彼女たち自身もゆっくりと、タイトルにある「私たち」になっていったのかと思います。

この「私たち」というのは、非常に重要だと私は考えています。私自身は、長く留学生に対してインタビュー調査を行っていましたが、誰に対して「私たち」ということばを使うかというのは、人によって大きく異なります。実は多くの留学生は、自分の同国の人に対して「私たち」と使い、学校や会社の仲間に対して「私たち」ということばをあまり使いません。一方で、学校や会社で「私たち」ということばを自然に使える留学生の生活は、総じて充実していることが多いです。日本語の教室でも、活動を通じて「私たち」と呼び合える環境を少しでもつくりだすことができれば、それがきっと学生全体のコミュニケーションを支えていくことができるでしょう。

チーム名：3ヵ国協議会
タイトル：つなぐ
取材協力：嶋田和子さん（アクラス日本語教育研究所）

作品WEBサイト

「つなぐ」は、つなぐという体験を通してつくられた作品です。〈3ヵ国協議会〉は、日本人学生2名、韓国人学生、中国人学生がそれぞれ1名、そしてメンターとして大塚さんが参加したチームです。卒業制作を抱えた4年生が2名いて、チーム分けの段階で役割分担が懸念されたチームでしたが、1年生の日本人学生が強いリーダーシップを発揮しつつ、周りの上級生がそれぞれ彼女を支えることで、順調に作業を進めていました。また、大塚さんが取材にも同行し、とても親身に相談に乗ってくれたことも大きな助けになりました。

取材協力者の嶋田和子さんは、長く日本語教育を牽引してきた方です。実は、カシオの小川さんのお声掛けが縁で、1年目、2年目の成果発表会に参加し、総評のコメントをくださったのが嶋田さんです。このプロジェクトに関心を寄せていただき、取材を依頼した時も二つ返事でご快諾くださいました。

趣味は「人つなぎ」と語る嶋田さんの活動は、多岐にわたります。日本語教育を志す仲間たちが集う場としてのアクラス日本語教育研究所（以下、アクラス）を運営する一方、日本各地の日本語教育現場で研修を担当しています。また、ご自身が長く務めたイーストウエスト日本語学校で、教員研修に携わっています。

5つのチームで最初に取材を行ったのがこのチームです。アクラスで嶋田さんにインタビューすることになりました。インタビューでは、嶋田さんのパワフルな語りに終始圧倒されていました（写真4－7）。嶋田さんにインタビューをしようと思ったきっかけは、九州出身の学生が高校時代に熊本地震を経験し、防災について関心があったことでした。「多文化共生と防災」というキーワードで調べたところ、浜松市の国際交流協会に行きつき、嶋田さんが浜松市の国際交流協会が運営する外国人

写真 4-7．アクラスでインタビューする〈3ヵ国協議会〉

学習支援センターの日本語教育に関わっていることを知ったため、嶋田さんにインタビューを依頼することにしました。学生が嶋田さんにその話をしたところ、その場で浜松の外国人学習支援センターに電話をかけ、2日後に取材ができるようアポイントをとってくれました。嶋田さんのその行動力、瞬発力に学生はやや呆然としていました。

急遽日程を調整し、九州出身の学生、米徳ゼミの学生、大塚さんと私で浜松に向かいました。着いてすぐに、センターのスタッフの方に取材の目的やドキュメンタリーの公開について説明することになりましたが、学生は緊張してうまくことばが出てきません。スタッフの方もやや困惑していると、大塚さんがフォローに入り、プロジェクトの概要、作品公開までのプロセス、本日の取材の目的などを丁寧に説明してくれました。そのような社会人の姿を横で見られるということも、産学ならではの学びです。学生も徐々に緊張がとけて取材に没頭しました。日本語の教室や地域に根ざした数々の先進的な取り組みを取材し、おそらく自分たちの生活のそばにもあった、それでも自分たちは知らなかった世界に魅入っていました。

最後の取材先は、嶋田さんが長年勤めたイーストウエスト日本語学校（以下、イーストウエスト）です。日本語の授業と嶋田さんの教員研修の様子を撮影した後で、イーストウエストの先生方にインタビューをしました。この取材には浜松に行った学生は参加できず、前回までの取材に参加できなかった韓国人学生がメインでインタビューを行いました。驚いたのは、イーストウエストの先生方に伺う時に、嶋田さんがインタビューで語ったことばを引用しながら質問していたことです。後から聞くと、何時間もある取材の映像を全員が共有し、確認しているとのことでした。嶋田さんのことばを引用しながら誠実にインタビューをすることで、イーストウエストの先生方も目頭を熱くしながら、嶋田さんという存在の大きさ、嶋田さんが築き上げてきた人とのつながりを第一にする日本語教育、そして、自分たちがそれを受け継いでいくという決意などを語ってくださいました。

どちらかと言うと順調に取材したチームだったと思いますが、編集の段階でかなり苦労していました。膨大なデータをどう編集すれば、自分たちが出会った嶋田さんを伝えられるか、試行錯誤が続きました。編集を担当した九州出身の学生は、何度も映像を見直し、自分は取材していない日本語学校の先生たちのインタビューのセリフまでそらで言えるようになっていました。嶋田先生のパワフルでポジティブな生き方を伝えるために、ラストシーンも何度も入れ替えました。最後は、嶋田さんが教師研修の中で、教科書をひらくシーンに決まりました。明日に向かって嶋田さんがさらに駆けていくような余韻があります。

趣味は「人つなぎ」という嶋田さんの全面的な協力で、国際交流協会や日本語学校とつながることができ、そのつながりを大事にしながら、嶋田和子という人間を描こうとしたのが「つなぐ」という作品だったのではないかと思います。そして、つなぐ＝継などとは、受け継ぐということでもあります。取材を通して、学生たちは、きっと嶋田さんから多くのものを受け継いだと私は確信しています。彼ら／彼女らは、まだ、それを「パワフル」「勇気」ということばでしか表現できていません。しかし、きっとこれからの成長の過程で、受け継いだ想いはより豊かなことばへと変容していくのではないかと、私は密かに楽しみにしています。

チーム名：light
タイトル：しあわせのレストラン
取材対象：チョウチョウソーさん（ミャンマーレストラン・ルビー）

作品WEBサイト

成果発表会の時、〈light〉の取材を担当した米徳ゼミの学生が、このチームについて次のように述べています。「このチームのメンバーはみんなあたたかくて、チョウさんもとてもあたたかい人で、その波長がシンクロしてこの作品が生まれたんだと思います」。

それを聞いて本当にそうだと思いました。〈light〉は、日本人学生3人、聴講で参加した博士課程の中国人留学生、メンターの奈良さんのチームでした。

取材対象のチョウチョウソーさん（以下、チョウさん）は、軍事政権の弾圧を逃れ、1991年に政治難民としてミャンマーより渡日しました。高田馬場でレストラン・ルビーを営むかたわら、ミャンマーと日本の架け橋として活躍されている方です。チョウさんの半生は、ドキュメンタリー映画『異国に生きる：日本の中のビルマ人』にもなっています。[2]

そんなチョウさんに取材を申し込むとこのチームが決めた時、正直私は驚きました。取材相手を決める時のディスカッションで、多文化共生とは「差」を理解することから始まるので、その「差」を描きたいと言っていました。学生たちの、文化を素朴に「国」と結びつけ、「差」を強調する姿勢に、私は一抹の不安を感じました。おそらく学生たちが行く現場にある現実は、自分たちのイメージする多文化共生とは大きく異なるだろう、それをどのように受け止めるのだろうかと思いました。

取材に行く前に、チョウさんの映画を取り寄せて、みんなで視聴しました。チョウさんの激動の半生に学生たちはことばを失いました。もちろん、学生たちはミャンマーの歴史も知りません。まずミャンマーの歴史やチョウさんについて書かれた記事を調べ、その上で自分たちが取材し、作品にすべきチョウさんというものがあるのか、もう一度考えようと話しました。私の中には取材を諦めるかもしれないという思いもどこかにありました。しかし、〈light〉のメンバーは、真剣な面持ちで取材すると決意を表明しました。その様子を見て、奈良さんが「それなら自分がメンターになる」と名乗り出てくれました。

どのチーム活動を見ても、いつも私の方が学ばされます。一番大変な作業を率先して楽しそうにやる学生、見えないところで人一倍努力する学生、相手のことをそっと思いやる学生、時に、自分よりずっと大人なんじゃないかと思うことさえあります。そんな中でもこのチームからは特にグループワークのあり方や伝えるということについて多くのことを学び、考えさせられました。

〈light〉のメンバーは、どちらかと言うと器用な方ではありませんでした。また強いリーダーシップを持つ学生がまとめ上げていくというタイプでもありませんでした。ただ、誠意を持ってチョウさんと向き合い続けました。最初の頃、取材目的をしっかり伝えることができず、レストランに行ってもチョウさんに会えなかったこともありました。インタビューをしたかったのに、自由にレストランを撮っていいよと言われ、チョウさんが別の仕事に行ってしまったこともありました。それでも、そのたびに、もう一度連絡をとって足を運びました（写真4－8）。時には撮影できないとわかっていても、チョウさんのことをもっと知りたいと彼の講演に参加しました。的確に要領よく伝えるというのがコミュニケーションとしてある一つの価値を持つのなら、そういうコミュニケーションはあまり得意な方ではなかったのだと思います。しかし、コミュニケーションを諦めずに続けていくという点では、非常にすばらしいものがありました。そして、コミュニケーション教育は、前者をスキルとして追求してしまうことがしばしばですが、本当は後者のすばらしさを伝えることの方が大切なのではは

写真4-8. チョウさんにインタビューする〈light〉

ないかと強く思いました。

作品の中でひときわ印象に残るのは、レストラン・ルビーでひらかれた結婚式です。多くのミャンマーの方が集まり、まさにしあわせのレストランを象徴するシーンです。チョウさんの方からレストランで結婚式があるからと誘ってもらい、実現した取材です。たまたま取材期間に予定が合ったから撮影できたシーンですが、これは偶然ではなく、〈light〉のメンバーの取材の積み重ねが形になった必然であったように思います。

編集作業にあたって、このチームは、メンバーそれぞれが、一度、自分の視点で映像をつくりました。それをメンバー同士で見比べながら、作品のコンセプトや映像の構成を決めていきます。3歩進んで2歩下がったり、2歩進んで3歩下がったりしつつ作業していました。授業が終わり、発表会までの約1ヵ月間、毎日のように朝から晩まで編集作業をしていましたが、何時間経っても同じような会話を行ったり来たりしていることもありました。議論のしかたとしては、褒められたものではないのかもしれません。次からはもっと意思決定の回路をしっかりして効率の良い議論をしたいと反省していました。学生たち自身も、それはそれを学んだということで良かったのですが、私としては全然前に進まないかのような議論を続けながら、それでも作品が少しずつ良くなっていることに感動しましたし、何よりも、自分たちが編集した映像を見ながら、自分たちが出会ったチョウさんを表現できていないと頭を抱えている姿に感動しました。

効率は悪いかもしれません。将来仕事をする時は、もう少し違うやり方が求められるかもしれません。しかし、これもまた協働の形で、そういうコミュニケーションを経験したことには意義があると私は思います。そして、そのようなコミュニケーションの可能性を身をもって示してくれた学生たちに敬意さえ覚えるのです。「差」を見つけたいと言っていたメンバーは、チョウさんに出会って、チョウさんが自分たちを「日本人」「ミャンマー人」ではなく、一人の人間として接してくれたことに感動します。そして、そんなチョウさんの生き様と考えを伝えたいと言います。多文化共生なんてことばは野暮ったいと笑いながら。

自分たちが出会ったチョウさんという人柄を何よりも伝えたいと考えた学生たちは、伝えるということも不器用に、それでも深く深く掘り下げていきました。チョウさんに最後のインタビューに行く時に、音がしっかり撮れるようにガンマイクを渡しました。しかし、スイッチの場所がわからず、使えませんでした。どうしても使いたいシーンなのに、肝心の音がうまく聞こえません。映像を見ながら、何度も何度も耳を澄ませます。たった1回聴いただけでは、視聴者は聞き取れないことが予想されます。そこで、チョウさんの語りに字幕をつけました。しかし、字幕をつけるとどうしても「正しい日本語」に置き換わっていきます。本当にそれでいいのだろうか？　学生たちは悩みます。チョウさんの生き様は彼の表情に、その人柄は彼の声に宿っています。本当に魅力的に語る方です。字幕を入れることで、そこに注意が傾き、大切なことがかえって伝わらないのではないかという気がするのです。字幕を入れるべきかどうかは、教員、カシオのメンバーの間でも意見が分かれました。最後は、学生が判断することです。学生たちは、悩んだ末、自分たちのように、視聴者にもチョウさんの声に耳を澄ませてほしいと願いました。そもそも音が録れていれば良かったのですが、録れていないことで、貴重な思考の経験が生まれました。

成果発表会

2020年1月31日に発表会を行いました。当初、取材協力者の方々の半数以上が仕事の都合で参加できないと言っていたのですが、ギリギリまで仕事を調整してくださり、全員が駆けつけてくださいました。

少しでも多くの方に見てもらいたいと思い、学生たちの席をつくらず、会場の定員を大きく超えた100名あまりの方に参加していただきました。

昨年より2作品多かったので、上映と質疑応答の時間を少しでも長く確保するために、ムサビとカシオの挨拶の時間をできるだけ省略して、発表会を行いました。学生たちの気づきや学びについて参加者からの質問があり、その質疑応答も、参加者にとって多文化共生の気づきにつながっていることがアンケートから見えてきました（写真4－9）。質疑応答では、以下のようなやりとりが見られました。

参加者：これをつくる前と後で、個人として考え方が変わったというところがあれば教えてください。

学　生：質問ありがとうございます。ものすごくたくさんあるんですけど、エンピさんにお会いする前は、自分が将来何になるかなって考えた時に、自分がやりたいこと

写真 4-9. 〈light〉の作品にコメントしてくださったチョウさん

を中心に考えてしまっていたんですけど、なんか、エンピさんのように社会のために何かをしたいと考えている方がいらっしゃるんだと知って、自分もちょっと考え方を変えようかなと思いました。

参加者：チョウさんのメッセージを実際に受けて、これからどういうことをアクションとしていきたいと思っていますか。

学　生：最後のチョウさんのメッセージで言ってたことは、日本人から声掛けてくれたら僕はうれしいってことをおっしゃってるんですけど、私もそれを受けて、今まで外国人の方と関わる機会って全然なかったんですが、こういうふうに関わって、外国の友だちもできました。今度からは誰かが困ってたら、自分から助けたいと思うようになったし、私からも声をかけたいと素直に思うようになりました。本当に意識が変わりました。

このようなやりとりに対して、アンケートでは以下のようなコメントがありました。

とにかくおもしろかったです！　皆さんが映像化された「気づき」から私も多くの気づきをいただきました。初心に戻れた部分もあり、非常にポジティブな気持ちになりました。「多文化共生」って本当に複雑なものですよね。私も自分のこれからの一歩につなげたいです。素敵な作品

をありがとうございました。

プロジェクトを通して、学生さんの考えが変わっていくという過程が成果発表会でよくわかります。映像を作っておわり、ではなく、実際に皆さんに見ていただいて、それを振り返る（一人ではなく、人の前で発表する）というのが、学びの集大成だなあと思います。自分にとって多文化共生とは何か？というのを考えるきっかけにもなりました。ありがとうございました。

学生の学びの成果だけではなく、プロセスを共有することが、多文化共生を考える場として有意義であると改めて感じました。そして、こうしたアンケートを読み、米徳さん、カシオのメンバーと活動をふりかえった時、発表会をリデザインして、参加者と学生がもっと話し合い、お互いに学び合えるようにしていくことが今後の課題として見えてきました。

4. ふりかえり

昨年を発展的に踏襲することで、プロジェクトが大きく羽ばたいた1年でした。主な成果としては、言語化を軸にプロジェクトのデザインをブラッシュアップできたことです。また、取材を通した「出会い」の意味を改めて実感できた1年でした。一方、今後の課題としては「発信」のしかたが挙げられました。

言語化による学び

授業、取材後のふりかえりを体系的に取り入れたことで、学生たちは、反省的に自身のプロジェクトへの関わりを改善しながら取り組むことができました。また、作品づくりのプロセスにおける議論において、それぞれの意見を言語化していくことが、自分たちの作品を自分たちで深く理解していく上でいかに重要かということも意識化できました。

プロジェクトの要所要所で、自分たちが行っていることを言語化し、次にやるべきことを明確にしていくことが、プロジェクトをより充実させるためにも、それぞれの学生の学びを深める意味でも重要であるということを再確認しました。ここに言語教育としての産学共同プロジェクトの一つの可能性があると思います。

「出会い」という学び

かねてから私は、ことばの教育の本質は、能力の獲得ではなく、経験と絆であると主張してきました[3]。経験とは、自分たちで実践を行うこと、そしてそれを言語化して人生の中に位置付けることにほかなりません。そして、絆とは、まさに「出会い」です。出会った経験が、そして、その人々と語り合った経験こそが、言語教育のめざす学びだと思うのです。

今年度の取材での出会いは、学生たちの大学生活や今後の生き方に響いていくものでした。自分の手で社会を変えようと突き進むエンピさんの姿を見て、自分も社会の一員なのだと認識するようになった学生、チョウさんの「誰かのために生きることが自分のしあわせにつながる」という生き方に涙を流した学生、それぞれの学生たちが、これからゆっくりとこの出会いの意味を噛み締めていくのでしょう。このプロジェクトで出会った人々の人生は、学生たちにとって大きな湖のように感じられたでしょう。その大きさや深さを推し量ることさえできずに、それでもただその湖の美しさや雄大さに見惚れる、そういう出会いだったかもしれません。それでも、自分たちの小さな手のひらでその湖の水を少しずつすくい出して、つくり上げたのがドキュメンタリー作品です。きっと多くの水は、彼ら/彼女らの手のひらからこぼれ落ちてしまったと思います。しかし、その足元にこぼれ落ちた水こそが、真の学びなのだ私は思います。

発信のしかた

3年目の今年も成果発表会には、100名近い方に来ていただくことができました。また、それぞれのドキュメンタリー作品は、本プロジェクトのWEBサイトに掲載されています。多文化共生というテーマから、これからの日本社会を考えるためのリソースとして、これらの作品を発信できたことをうれしく思っています。また、一つひとつの作品も大学生が初めて制作したものとしては十分に質の高いものになっています。

しかし、本当にこれだけで社会に発信したことになるのだろうか、という疑問が、教員やカシオのメンバーには残りました。学生たちは精一杯やりました。それに応えるような発信のあり方がもっとあるのではないか。このことについては、6章の座談会で話し合いました。今後、また大きな改善点につながりそうです。改善点があるということは、プロジェクトを続ける動機になります。その意味では、プロジェクトを運営する上で常に課題を持ち続けることが最も重要であると言えます。取り組むべき課題があるということ、まだこのプロジェクトを続けられるということはしあわせなことだと思います。

注)
(1) slackは、チャット機能やファイル管理などを組織内で包括的に行うためのソフトです(https://slack.com/intl/ja-jp/)。
(2)「異国に生きる:日本の中のビルマ人」(2013年公開、監督:土井敏邦、配給:浦安ドキュメンタリーオフィス)
(3) 三代純平(2009)「コミュニティへの参加の実感という日本語の学び:韓国人留学生のライフストーリー調査から」『早稲田日本語教育学』6、pp. 1-14.

芸術で社会に与えられることは何か

内田久美子（油絵学科3年：チーム〈SHUMai〉）

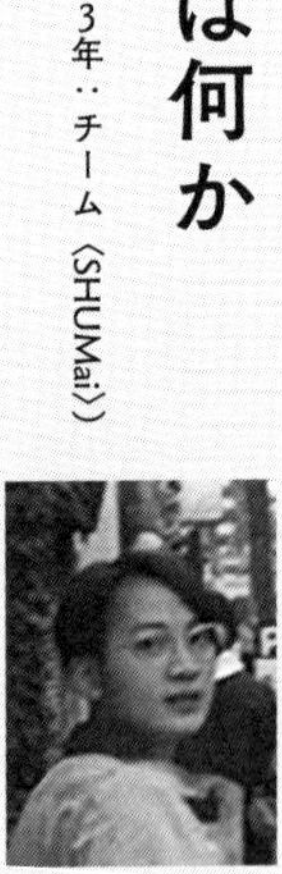

このプロジェクトの概要を知った時、「今の私には難しすぎる」と感じました。映像をつくったことはないし、多文化共生というテーマも広すぎるし、グループワークに関して良い話を学内で聞いたこともないし、さらには産学共同というハードルの高そうなワード。ですが当時の私は、精神力強化と進路選択の視点から「自分に関係がなさそうでも、どんなに難しそうでも、何でもやってみる」という目標を立てていました。そこで履修することを決めたのですが、その時点で、映像制作、多文化共生についての思考、グループワーク、カシオの方との連携、この4点をやりきることが私の中の課題となりました。

課題は4つでしたが、それらに取り組むには、さまざまなオプションがつきました。その中でも、取材協力者であるエンピさんとの出会いは、強烈で深遠なものでした。エンピさんは取材の中で、日本に対して抱いた印象や想い、こうなってほしいという願いを、熱く語ってくださいました。その熱い想いと、実際にされているお仕事は、驚くほどつじつまが合っていました。今まで私は、夢と現実を天秤に掛けて、ちょうど良いところで生きていくことが、道を選択することだと考えていました。ですがエンピさんと出会ったことで、夢を妥協しなければいけないのは、その夢が自分勝手なものだったからだと気づきました。彼の考え方を自分の分野にひきこむことで、「芸術で社会に与えられることは何か」ということを、普段作品をつくる時にも、どんな生き方をしたいかを思い描く時も、考えるようになりました。4つの課題の中で最も苦労したのは、グループワークでした。けれど苦労した分、返ってくるものも大きかったように思います。また、大学の中で共に一つのものをつくろうとする関係は、その中で「多文化共生」を考えやすいということもありました。私たちのチームは他班よりもメンバーは少なかったのですが、学年も学科も学部も皆バラバラでした。そこは私にとって十分に「多文化」な場でした。

多文化な場で共生する時に大事なことは、自分の意志を明確に伝えることと、相手の意見をしっかり理解すること。そんな単純明快なことが、実際にやろうとすると難しいのです。それもチーム内の全員が、多文化共生というテーマに関しても映像に関しても初心者で、誰も自信が持てていませんでした。そんな不安定な状態で、しっかり意見を持ってそれを交わすというのは至難の業でした。不安定なままで取材の準備をしたり、実際に取材が始まってしまったりして、私の中で現状への不安が大きくなりました。それまで明確なリーダーも決めずにいたのですが、それぞれが責任を持てるよう、互いの能力を活かし補うための役割を持つことが必要だと考えました。そのような役割分担自体が、多文化共生にとって大切なことなのではないかと、考えたのです。自分とまったく異なる人間と共に過ごすことは難しいことですが、形が違うからこそ、パズルのピースのようにつなぎ合わせることができます。このプロジェクトの中で起こった私にとっての多文化共生は、このようなことでした。

「ひとつなぎ」から始まる多文化共生

梶野結暉（クリエイティブイノベーション学科2年：チーム〈3ヵ国協議会〉）

私たちは、長年日本語教育を通じて多文化共生への取り組みを行っているアクラス日本語教育研究所の嶋田和子先生にお会いし、その実践的な取り組みやこれからの日本語教育について取材させていただくことにしました。この取材を通して多文化共生について、いくつか感じたことがあります。

一つは、外国の方に接する私たちの意識についてです。嶋田先生は「外国の方を支援する対象ではなく一緒に社会をつくっていく大切な仲間なんだ」とおっしゃっていました。私たちは無意識に「外国人支援」といったことばを使っていますが、「支援」ではなく一緒に社会をつくっていくという意識を持ってお互いが関わり合うことで、社会全体が住みやすく活気あるものになっていくのではないかと思います。

次に、「大切な仲間」ということを認識した上でしっかりと対話することが大切ということです。まずはお互いの文化を知り、認め合い、尊重し、相手が何を求めているのか、何を伝えようとしているのかをきちんと理解することが必要だと思います。

最後は、嶋田先生がご自分の趣味だとおっしゃっている「ひとつなぎ」についてです。一人ひとりのつながり（ひとつなぎ）が地域へのつながりにも発展し、それが根付いていくことでさまざまな力タチの「多文化共生」が生まれてくるのではないかと思います。

このプロジェクトを通じて、このように「多文化共生」について学ぶことができたことや嶋田先生をはじめ、日本語教育に携わる方々、カシオのメンターの方、三代先生とお会いして直接お話しできたことは、大変すばらしく貴重な経験になりました。特に、嶋田先生の好奇心を絶やすことなく自分のできることから一歩ずつ前向きに取り組む姿を間近で拝見させていただき、私もこれから目標を見つけて積極的にチャレンジしていきたいと強く思いました。

さらに、今回「多文化共生」をテーマにした映像を制作できたことも本当に有意義なものとなりました。膨大な素材の中からどのコメントや画を使うのか、字幕はつけるべきか、など視聴者の目線になってつくらなければならないことがとても難しかったです。普段何気なく見ていたテレビのドキュメンタリー映像も視聴者のストレスがないようにつくられているのだと改めて感じることができました。また、使ったことのないソフトを使って動画を編集したため、一からの慣れない作業にも苦戦しました。毎日朝から晩まで部屋にこもってプロジェクトのメンバーと編集を進めたことはとても大変でしたが、今となっては良い思い出となっています。成果発表会では、多くの方に作品を見ていただき、嶋田先生をはじめ取材に協力してくださった方々にお褒めのことばをいただけたことは、何よりうれしく約五ヵ月間、頑張って本当に良かったと思いました。

どっぷり入り込んで見えてきたこと

大塚　功（カシオ計算機事業戦略本部）

私は、前任者の吉田より引き継いで、3年目からこのプロジェクトを担当することになりました。一般的に産学連携プロジェクトというと、製品や技術などを共同開発するというように、企業にとっては直接的な事業貢献のイメージを持ちますが、このプロジェクトはちょっと違っていました。私の事業戦略本部では電子辞書の企画を担当していますから、当初は、日本語学習者向け電子辞書のプロモーションとして始まったのですが、今では、日本語学習の促進や、多文化共生について考える機会を与えるというような、どちらかと言うと社会貢献的な展開へと変化してきています。

3年目は、学生の参加者が大幅に増え、映像作品5チームとメイキング映像1チームの合計6チームでの活動となりました。カシオのメンバーも、映像作品5チームにそれぞれ1名ずつメンターとして加わり、映像作品の企画から取材先選定、事前調査、取材依頼、現地取材、編集、関係者へのプレゼンテーション、作品発表までチーム一丸となって取り組みました。学生の皆さんにとっては、非常にハードな授業だったのではないかと思います。特に留学生にとっては、取材者とのやりとりも含め、すべて日本語での活動となり、実戦さながらの、非常にレベルの高い授業だったのではないでしょうか。

私は〈3ヵ国協議会〉チームのメンターとして参加することになり、日本語教育の第一人者の嶋田和子先生の取材に加わりました。この取材を通じて、嶋田先生の日本語教育や多文化共生への熱い想いと、とてもパワフルな活動に直接触れることができ、深く感銘いたしました。作品の中では、日本語教師の視点から見た、多文化共生が描かれています。私自身、今まで多文化共生について深く考えたことはありませんでしたが、取材を続けていくうちに、自分自身の外国人の方に対する接し方や考え方が徐々に変化していくことに気づかされました。また、チームの中には、外国人留学生も参加していたので、国籍や文化の違いを持つ人が、力を合わせて一つの目的に向かって取り組むことができたのは、身近な多文化共生への取り組みとして、私にとっても、学生の皆さんにとっても、とても貴重な経験になったのではないかと思っています。

そして、最後の成果発表会では、日本語教育関係者、出版社など多数の著名な方々をお招きし、制作意図についての学生のプレゼンテーションと映像作品が上映されました。参加者からは「メッセージがしっかりと伝わってくる」などの高い評価をいただきました。学生たちが自信を持って発表している姿を見ながら、一体となって取り組めたことに、普段の仕事では経験することができない喜びを感じました。この活動で得た経験を、今後の企画に活かしていきたいと強く感じた瞬間です。最後に、このプロジェクトの取り組みが、近年多文化化が急速に進む日本社会で多文化共生社会を実現するために、より多くの方々に「多文化共生」を考える機会を提供することができればと願っております。

ありのままの違いを認める

キム・ドヒ（カシオ計算機デザイン開発統轄部）

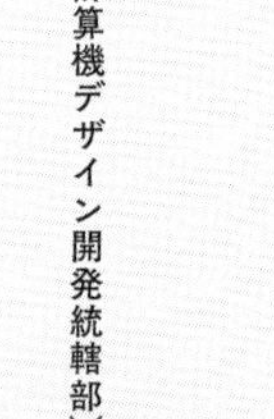

私はカシオのデザイン開発統轄部のデザイン戦略室で、アラフォーにして最年少を担当しています。社会人14年目で、デジタル広告代理店 Hakuhodo i-studio、MUJI KOREA など、いろいろな会社やフリーランス、自営業などを経験した後、カシオに定着して2年になります。

入社して早々はアプリ UX/UI、2年目からは分野を広げ、制作以外にもWEBディレクション、ブランディングなど、最近は、社内デザイン教育、インターンや新卒のメンターなどもしています。少し多忙ですが、やりがいのある日々を過ごしています。

産学共同プロジェクトには、入社して間もない頃に奈良さんの誘いで参加することになりました。私が合流したのは、2年目の「にっぽん多文化共生発信プロジェクト」からです。留学生と日本人の学生が一つのグループになり、企業の人もメンターとしてグループの一員になる共同プロジェクトの初年でした。

今思うと、当初の私は次の年の参加に比べてさほど深く関わっていなかった気がします。日本語の授業で多文化共生ドキュメンタリーを制作することがどういう意味を持つのか、はっきり理解していなかったかもしれません。「多文化共生」ということばに少し抵抗感もあったのかな。

私の国籍も日本ではないため、留学生として、その後社会人として、「外国人だと思われたくない、差別を受けたくない、特別扱いすら嫌だ」など複雑な感情を抱いたまま、「日本に染まりたい」という考え方で過ごしてきたのかもしれません。

そうさせたのは、自分の思い込みかもしれないし、環境のせいだったかもしれません。とにかく、初期は「多文化共生」ということば自体が「他文化」という枠を逆に目立たせると誤解していた気がします。

しかし、このプロジェクトに参加することによって、一人ひとりはそれぞれ個性を持っていて、同じ人なんていない、「ありのままの違いを認める」ことを学んだ気がします。それは、メンターとして参加していた〈ENTER〉が取材していた神吉先生からだけでなく、取材を重ね映像にまとめていた学生たちの気づきを聞かせてもらってから改めて学ぶことができました。広い意味でのダイバシティー。国籍、宗教、障害の有無などを含め、いろいろな文化や個性を持つ人々をそのまま認めること。まずは認識、その次は実践につなげることが大事だと気づかせてもらいました。

従来の日本語授業では体験できなかった一連のプロセスで、卒業して十何年も経って薄れていた「人や文化について考える」機会をくれたこの産学プロジェクトに感謝しています。

第5章

映像とことばの関係性

米徳ゼミ制作の映像作品

「CASIO × MAU　産学共同プロジェクト 2017」

作品WEBサイト

2017 年度作品
時間：12 分 12 秒
スタッフ：中尾崚人、チョウ・ジュンリュウ

「教科書で学べないもの―にっぽん多文化共生発信プロジェクト」

作品WEBサイト

2018 年度作品
時間：23 分 25 秒
スタッフ：亀卦川采音、北原成貴、髙橋奈央

「今日からできること―5 つの軌跡を辿って」

作品WEBサイト

2019 年度作品
時間：22 分 38 秒
スタッフ：カン・シュンセイ、西村茉理子
濱中　春、増田夏妃、南　帆香

1．プロジェクトにおける映像の意味

ここまで読んでいただいた方には、このプロジェクトの歩みと内容を大体ご理解いただけたかと思います。この章では、私たちがこのプロジェクトにおいて、情報発信のために選んだメディアである「映像」の意味について考えていきたいと思います。

「日本語学習支援プロジェクト」って何だ？

1章にも記しましたが、私（米徳）はムサビの芸術文化学科に所属し、学科の掲げる「芸術文化を社会とつなげる」というミッションの下、映像デザイン、映像文化、大きくは、ヴィジュアルコミュニケーション（視覚伝達）デザインの研究と教育に携わっています。

三代さんからこのプロジェクトのお話があった時に、まず、日本語教育、映像表現、そして企業との協働という構図に興味を持ちました。そして、表現とことばの関係を考える授業を三代さんと一緒にやることから知り得た「実践コミュニティ」という考え方に関心があった私は、ユニークな構図を持ったプロジェクトという形で、この実践コミュニティの場を体験できると期待して参加を決めました。

カシオの小川さんとムサビの三代さんの出会いによって始まったこの1年目のプロジェクトは、「MAU日本語学習支援プロジェクト」と名付けられました。カシオの電子辞書をASEAN諸国の日本語学習者に向けてプロモーションするCM（Commercial Message）を、学生が企画制作するという内容でした。そしてこのCMは、単に製品の宣伝をするだけでなく、日本語学習に関心を持ってもらうために、日本留学の魅力を伝えることも期待されていました。

この、商品のプロモーションと、日本文化の魅力を同時に伝えるCMの制作は、とても難しくなるだろうと思いました。

多くの人々がCMに持つイメージは、テレビやYouTubeなどで視聴するもの、商品を宣伝するためのもの、有名人などが出演しているものといった、プロの映像制作者が制作したハイクオリティで、短時間の映像、というところではないかと思います。煌びやかで楽しそう、けれども、よほどのインパクトがないと心に残らないような映像です。

しかし、今回のプロジェクトで制作するCMは、学生はプロではないためクオリティの担保ができません。また、予算の関係から有名人の出演やプロの手を借りることもできません。そして完成したCMは、テレビで放送するのではなく、カシオのWEBサイトに掲載して発表するという計画です。映像制作の指導を担当する私としては、こうしたプロジェクトで制作する映像を「CM」ということばで表現することに、当初は違和感を抱きました。

しかし、小川さんがプロジェクトの最初の授業で学生たちにプレゼンテーションした、「日本語を学ぶ楽しさや喜びを留学生自身のことばで語ってもらい、世界中の若者に日本語を学ぶすばらしさを伝えたい」ということばによって、このプロジェクトにはプロがつくるハイクオリティな映像ではなく、学生の視点が重要であること、そして企画を実現する学生の創造力に期待をしていることがわかりました。また、カシオは、国際交流基金の日本語教育支援や、日本語教育学会の世界大会をサポートしていることが語られました。こうした情報からは、商品の販売促進だけでなく、カシオのCSR（企業の社会的責任）の側面もあることが感じ取れました。こうしてみると、このプロジェクトを小川さんと三代さんが意気投合して立ち上げたことも理解できます。CMという形式への違和感はとりあえず脇に置いて、私は学生たちの指導にあたることにしました。

幼い頃からCMを見ていただろう学生たちにとって、CMは魅力的な表現形式だったのでしょう。彼らはこのプロジェクトを、社会に対して自分の創造力を発揮できる絶好の機会と捉え、架空の物語を考えたり、留学生に実際にインタビューをするなど、さまざまなアプローチに向かいました。

制作指導をした私にとって気がかりだったのは、ターゲット設定やリサーチ、それを反映させた企画制作や出演交渉、制作費、制作期間などのマネジメント、そして撮影・編集などの映像制作のスキルといったさまざまな要件をこなす力を学生にどこまで求められるか、ということでした。週に1回の授業ではこれらの力をすべてつけることは難しいため、プロが時間と予算をかけて制作するようなレベルを学生に求めることはできません。そのため、2分以内の映像を制作するというカシオからの依頼に則って、学生たちの到達点をまず「2分で語れるメッセージを伝える」と設定しました。そして、学生たちの企画意図は尊重しつつも、それが映像として他者にどう見えるのかという視点で、私は学生たちにアドバイスを重ねました。

イメージとことばの間

映像をつくる場合、最初に自分が考えていることをことばによって端的に記した企画書を作成し、人に伝えるという過程を経るのが一般的です。しかし、そこで語られたことと、撮影によって得られたことは、常にイコールにはなりません。なぜなら、ことばはそれ自体が意味を持ちますが、撮影された映像は、ことばのような明確な意味を持たないからです。また、ことばは頭の中にイメージを発生させますが、映像はイメージを具体的に固定するものなのです。この授業において、何度かプレゼンテーションの機会を設けて、企画の進捗状況を把握していきました。学生たちは、4～5人でチームをつくり、そこで企画書を通して、自分たちが表現しようとすることを、ことばによってまとめ、発表しました。

テーマを設定することは、企画書において必須です。しかし、そのテーマをどのように表現するかはたくさんの方法がありますし、そのアイデアを出すことがCMのような短い映像では重要となります。ありふれたアイデアではボツになりますが、奇抜すぎても意味がわからなくなります。頭の中にあるイメージやアイデアをことばで説明することは難しく、ましてやチームワークで行うとなると、メンバー間でことばの解釈によるイメージのズレが必ず生じるものです。そして、そのズレに気づかないで、企画を進めることが多くあるのです。ですから、そういった時に私が学生に伝えることは、「一度テスト撮影をしてみよう」ということです。ある程度ことばで方向性をつくったのならば、撮影した映像を見て、自分たちのイメージとすり合わせていく作業が効果的だからです。また、それが求めるレベルに達しているのかも、やってみればわかります。しかし、ここでまた問題が見えてきます。シナリオのように一旦言語化してしまうと、学生たちはそれに沿って撮影しているという意識が強くなるため、自分たちの撮影したものが、そういう意味でしか見られなくなってしまいます。テスト撮影すればわかるというのは、他者に見せて感想を聞くことによって、その映像が、必ずしも自分たちの意図通りには伝わってないことがわかる、ということなのです。

また、映像は一つの意味に縛りにくいことを知る必要があります。同じ映像でも、見る人によってはまったく違うところを見て解釈している可能性があるのです。この「イメージ」と「ことば」の問題は、フィクションをつくる場合によく見受けられます。私はできるだけ他者の目、つまり初めて見る人の視点で彼らの映像を見て、企画意図と照らし合わせながらどう見えるかを伝えました。そして時間が許す限り、撮り直すことを勧めました。

1年目のプロジェクトも終盤になり、完成予定の日にちを過ぎてなお、学生との作品編集のブラッシュアップは続きました。途中で挫折しかけた学生もいましたが、なんとか成果発表会の当日を迎えることができました。ムサビのデザイン・ラウンジで行われた成果発表会には、日本語教育、出版社、大学研究者、そしてカシオの役員など、多くの関係者が参集し、この試みの成果について、会場での質疑やアンケートを通じて好評価をいただくことができました。

本来CMは、日常生活においては何の前触れもなしに目に飛び込み、短時間でイメージと情報を伝達して消えるものです。よほどそれを見ようと意識しない限り、流れていってしまうのが普通です。しかし、プレゼンテーションでは、各チームの作品上映の前に、学生たちの思いをことばで参加者に伝えることで、制作意図を伝えることができました。参加者はその情報によって映像を見る視点ができ、上映後も学生と対話をすることで、作品について理解を深めることができました。こうしたコミュニケーションがあることによって、産学共同プロジェクトがめざしたこと全体への理解につながったのだと思います。

実は、私にはこのプロジェクトへ参加するもう一つの目的がありました。それは、私のゼミの学生と共に、このプロジェクトを記録し、ドキュメンタリーを制作することでした。プロジェクトにおいて、各チームが制作したCM映像単体からは見えてこない、プロジェクト全体の活動プロセスが伝達されることは、極めて重要であると考えていたからです。「CASIO×MAU　産学共同プロジェクト2017」というタイトルのドキュメンタリーは、私と共に2人のゼミ生が、半年間のプロジェクトをビデオ取材し、そのプロセスを12分にまとめ上げた映像作品です。この作品を成果発表会の最後に上映しました。そこで参加者の皆さんが、「プロジェクトの意義を、映像で理解した」という手応えがありました。この経験は、後のプロジェクトの方向性を定めるきっかけになっていきます。また、私がプロジェクトへ参加するきっかけとなった「実践コミュニティ」についても、学生と企業と教員が約半年間の関わりを持ち続けることで、協働の可能性を実感することができました。そして、今後プロジェクトが継続されるとしたら、成果物としての映像と、産学が協働する関係性をどのようにリデザインできるかが、次のテーマになったのです。

表現形式の見直し

1年目のプロジェクトが一段落したところで、カシオの皆さん、三代さん、私とでふりかえりを行い、そこで本質的な議論が交わされました。つまり、プロジェクトのコンセプト（意図）の見直しです。大学という教育・研究の場に企業が参加する意義と、プロジェクトの成果を社会に発信することで何を生み出していけるのかについてです。言うまでもなく、企業人は、組織において経済的活動をすることで、その結果を利益に結びつけることが求められます。1年目のプロジェクトは、商品をプロモーションするという意図はありつつも、それがメインではないという微妙な位置付けでした。プロジェクトの発起人である小川さんは、三代さんの日本語教育とCMを結びつけた授業の成果について、メイキングムービーの中で「メーカーにおいて他部署との交流はなかなかに難しいが、今回のプロジェクトのように横のつながりができると、会社にとってもプラスになる」と語っていました。また、小川さんの後を引き継いだ吉田さんは、「企業が日本語教育に参画し、支援することが、会社の将来につながる」ということに意義を見出されました。つまり、即利益につながらない、文化的な活動にこれだけ真摯に企業人が関わることは、カシオという企業がこれからのメーカーの姿を見据えた、新しいことを模索する姿勢を示したのだと思います。こうした企業姿勢と、半年間のコミュニケーションによる関係づくりがあったことで、教員と企業人が忌憚のない意見を交わすことができたのだと思います。

カシオとのふりかえりの前に、私は三代さんと話し合い、次のテーマを三代さんの研究のベースである「多文化共生」とし、その表現形式を「ドキュメンタリー」にすることで合意しました。そして、そのことをカシオに提案しました。それは、このプロジェクトの目的をCSRに絞るということでもあります。企業にとって、商品の販売促進というわかりやすい目的を変更することは、社内の理解を得るという点で容易ではなかったと思います。ですが、その提案は受け入れられ、プロジェクトの方向性がリデザインされました。企業がCSRの一環として、大学とそこで学ぶ学生たちと共に社会問題について考え、映像発信することで、社会貢献をめざすことになったのです。この出来事は、産学連携のあり方に新たな視点を加えることになったのではないかと思います。

2年目以降のテーマを、「多文化共生」にした時に、これまでぼんやりとしていたことが、急に目の前がひらけた感じがしました。日本語教育において、留学生たちのライフストーリーをインタビューによって収集し、研究する三代さんは、常に個と向き合うことを前提としています。その姿勢をプロジェクトの核に据えること、そして、社会において多文化共生の問題に取り組んでいる人々の現状を、ドキュメンタリーとしてどのように伝えるのかという目的によって、学生たちがよりリアルに社会と結びつくことが想像できます。こうしてプロジェクトが大きく舵を切ることで、制作する映像の役割が明確になりました。そしてそこには、新たな映像デザインが必要でした。

2. 映像デザインについて

「映像」ということばは、辞書等には〈映画・テレビ・写真などの画像のように、レンズを通して映し出された像〉とあります。主に動画を指していて、私たちは日々の生活の中で、この動画に触れない時はないと言っても良いでしょう。映像デザインとは、この映像を使って、誰に、何を、どのように伝えるのかをデザイン（計画）することを意味します。

映像デザインの歴史

映像の歴史は、１８９５年の映画の誕生まで遡ります。映画の誕生当初は、白黒フィルムを媒体とした、固定カメラで撮影した映像が、音もなく動いている状態でした。わずか50秒ほどの、生活の断片を切り取ったものでしたが、それでも当時の人々にとっては、衝撃的な出来事だったわけです。写真はすでにありましたが、それが動く状態というのは、未曾有の視覚体験だったはずです。ここで注目したいのが、人々は何かが動くことや、変化することに非常に関心があるということです。それは、赤ちゃんが自分を取り巻く世界を、五感を通して認識していく過程において、ものやひとの動きからさまざまな情報を得て学ぶことからも明らかです。映画の誕生は、カメラの眼を通して擬似的に世界を再認識する機会を人々に与えたのです。リュミエール兄弟が生み出したこの映画技術は、世界を記録する最初のドキュメンタリーと言って良いでしょう。

この最初の映画は、まだ音がなかったのですが、かえってそれが重要だったと考えます。今でこそ映像には当たり前に音がついています。その種類を大別すると、登場人物の声、効果音、音楽となります。リュミエール兄弟の映画の上映会では、映写する機械音がうるさいということもあって、音楽が別に演奏されていたそうですが、観客は画面から発せられる意味を形成する「ことば」や「音」がないため、いろいろと想像する自由があったのです。音がないことは、かえって積極的に見ることを促したとも言えるのです。積極的とはつまり、映像の物語や意味に囚われることなく、画面に映し出された要素を見て何かに気づいたり、考えたりするということです。この何かを凝視するという時間は、現代の私たちの生活に一体どれくらいあるでしょうか。

現在の映像デザイン

現在の映像は複数のカット（映像を構成する最小単位）が連なることで流れが構成され、それは物語を伝えたりします。また、音（人の声、効果音、音楽）がつくことによって、ことばの意味が伝達されたり、感情が刺激されたりします。最近のテレビ番組などは、画面のほとんどの部分をテロップと呼ばれる文字が埋め尽くし、視覚的にもことばが伝えられるという状態になりました。一度に大量の情報が脳に刺激を与えるわけですから、私たちの脳は、実はすごい処理をしているのです。そして私たちは、誰かがつくった映像に反応し、意味を見出し、自分にとっての価値づけをしているのです。

映像は誕生以来、技術革新によって進化していきました。フィルムに音がついたり、カラーフィルムが登場したりすることで、視覚と聴覚を刺激する要素が増えたのです。やがてビデオカメラが登場し、映像はフィルムという物質から電気信号に変わりました。そして近年では、すべてがデジタルによる数値に置き代えられています。また、その制作方法のみならず、映画館からテレビへ、そしてインターネットと、情報の流通の形態も大きく変化してきました。わずか１２０年あまりの間に激変したと言っても良いでしょう。そうした中で、私たちが映像から何をどう受け取るのかも変化しました。

たとえば、インターネットの高速化が提供したデジタル環境と、２００７年以降のスマートフォンの爆発的普及によって、人々は時と場所を選ばず、映像を享受できるようになりました。そして、その多くが、短時間で、簡単に、何かをわからせてくれるようデザイン（計画）されているのです。この映像のデザインは、インターネットというインフラストラクチャーを前提としたアプローチであり、人々の生活を刺激すると同時に、映像を見る態度を効率化の方向へ加速させているとも考えられます。つまり、わからないことがあったら、手っ取り早く知りたいという要求に、ネット上の種々のコンテンツが応じることで、また、そのニーズが相乗的に増加することで、映像の見方というものが「何かを素早く理解する」ことに集約してきているということだと思います。こうしたメディア（媒体）の環境のもと、このプロジェクトにおいて、どのような映像デザインを行うかが、私の課題でした。

映像の見方を学ぶ

ところで、私たちは映像を見ることについて、どこかで学んだことがあるでしょうか。おそらく、学校では習っていないと思います。その理由は、映像は見ればわかるからです。あるいは、わかるようにつくられていると言った方が良いでしょう。小さい頃から家庭にテレビがあり、それを見て育っているわけですから、多くの人が、楽しみながら「みる」という自己学習を相当の時間積んでいると言っていいかもしれません。ちなみに、ムサビに学びにきた留学生に、日本語はどうやって覚えたかを尋ねると、日本のアニメを見て覚えましたという回答がとても多いのです。日本のアニメには彼らにとって興味をひく視覚的要素がたくさんあり、それを見ることで自然とことばが身についたのだそうです。留学生にとっては、魅力的なアニメのキャラクターがある状況において話すことばや動きを通して、また、それにより物語が進むことで、状況とことばの関係性を視覚と聴覚で取り込み、記憶していったのだと思います。このことは、私たちが生まれてからことばを習得するプロセスを思えば、何も不思議なことではないでしょう。ですから、誰もが映像の見方がわからなくて困っているという状態ではないわけです。つまり、このわかるというのは、セリフやナレーションのような音声言語や、テロップなどの文字言語があることで、ことばによって映像が補足されているということです。

映像がわかるとはどういうことか？

私たちは映像から明確な意味だけを受け取っているわけではありません。たとえば、ある映画を見た感想を、誰かに聞かれたとします。そこであなたは、最初は好きかどうか、あるいはおもしろいかそうでないかをあれこれ考えているのでしょうが、それでは埒が明かない気がして、いつのまにか映画のストーリーについて話していたという経験はないでしょうか。もちろん映画を見ながら、あれこれ考えているのですが、2時間程の体験を、見終わってすぐに総括して言語化することは難しいですし、何か引っかかっている部分があって、それについて結論が出ないという状態かもしれません。ですが、誰かに聞かれることによって、その求めに応じようとすることで、自分は何を感じ、考えたのかを、記憶を辿りながら改めて考え出すのだと思うのです。

それは、読書においても同様のことが言えます。学校で国語の時間に、ある文学作品を読んだとして、「この作品のテーマは何ですか」とか、「作者の言いたいことは何ですか」と先生に問われたことはないでしょうか。その際、その文学作品のプロット（筋）をまとめ、物語の変化を俯瞰し、登場人物の心情の変化を考え、物語の結末を考慮して、そこに意味のある結論を見出すという、思考を働かせたのではないでしょうか。ですから、映画の感想を聞かれるというのは、すなわち自分がそれをどのように読み解いたのかを考えるというのが、一般的な反応ではないかということです。

しかし、私がここで問題にしたいのは、表現を見るポイントは、意味を見出してわかるということだけだろうか?ということです。文学作品を読む楽しさは、物語の筋を把握して、その結果としての意味を抽出することに限らないはずです。小説の書き手は、読者の頭の中にイメージを創出させるためにさまざまな描写をします。それは風景であったり、登場人物の心情であったりします。その描写はわかるというよりは、何かを知覚する行為に似ています。ですから、映像においても、映像そのものを感知している部分、つまり視覚言語について考える必要性があると思うのです。しかし、そういったことは、あまり学校では取り上げてくれません。その理由は、感覚には個人差が生じるからだと考えます。

「視覚言語」による表現

視覚言語ということばは、あまり聞き慣れないかもしれません。言語は、音声や文字によって、意思や感情を伝達するために用いるものであり、その体系を指しますが、その中には視覚的に知覚される要素も含まれています。たとえば、手話や文字の形、動作などがそうです。ハンガリーの美術家で、デザイナーであり美術理論家でもあるギオルギー・ケペッシュは、著書『視覚言語[1] Language of Vision』の中でこう述べています。

視覚による言語を利用することにより、人間は自己の体験を客観的な形で表現し、あるいは他に伝えることができる。視覚によるコミュニケーションは普遍性と国際性とを持ち、国語、語

彙、あるいは文法上の限界もなく、教育のある人ばかりでなく教育のない人にも了解されうるからである。

視覚言語は、視覚的な要素を用いたコミュニケーションの体系を指しており、たとえば絵画やイラストレーション、写真、映画といった表現は、視覚を通じて情報やその意味を、直感的に伝達していると考えることができます。ただし、いわゆる言語と異なる部分は、それが視覚的であることで、ことばのような明確な意味を持たないということにあります。先ほど映像は見ればわかると書きましたが、それはことばとの関係があることで、複合的にわかるということです。

ここで、少し映画の話をします。映画製作には、監督と言われる人が必ずいます。その監督の主たる仕事が演出です。映画ですから物語があるので、それを画でどう語るかを考えるのです。具体的には、演出技法というものがあり、それはまさしく、視覚言語のデザインと言えます。ウォーレン・バックランドの著書『フィルムスタディーズ入門』(2)では、「演出技法とは、もともと演劇用語で、そこでは舞台上に現れるすべてのもの〈セットデザイン〉、〈照明〉、〈登場人物の動き〉を指し示していた」とあります。〈セットデザイン〉とは舞台上の空間と、そこに配置された大道具であり、〈照明〉はその空間を光によって照らしだし、〈登場人物の動き〉は役者がどのようなタイミングで、どのような動きをするのかということです。監督は、それらを総合すると観客の目にどう見えるかを考えて、判断するということになります。さらに映画においては、それをフィルムに記録するための撮影技法が加わります。撮影するためのカメラの眼は、人の目とは異なり、フレーム（枠）があり、視覚を限定します。そこでは、カメラの位置、被写体のサイズ、カメラの角度、ショットの長さ、カメラの動きなどの要素が決定されていきます。つまり、私たちが普段見ている映画は、カメラの前にある出来事が演出技法によって決定され、撮影技法によって撮影された視覚言語であるということです。

この時、私たちの意識は、どこに向かうかということです。おそらくは、編集によって語られる変化、つまり物語の筋を追うことになると思いますが、しかし私たちはその時、大量の視覚言語を同時に受け取っているのです。それは、ことばではないため、解釈の自由を持つ部分であり、その作品の印象や評価に深く関係しています。視覚言語の要素が監督やカメラマンによってデザインされ、視覚が刺激され、それと同時に、セリフが入ることで意味が付加され、効果音や音楽によって感情が刺激されるという関係性を、映画の揺るぎない構造であると私たちは知っています。それは小さな頃からテレビなどを見て育ってきたため、自明のことになっているのかもしれません。ですが、それは映像の一つの形にしか過ぎないと考えます。そのことに少しだけ意識を向けてもらうために、私がよく学生に言うのは、「試しにテレビの音を消して画面だけ眺めてみて」ということです。そうするだけで、いつもの自分の感覚とは異なるイメージの受け取りが生じていることがわかるはずだからです。

3. 日本語の授業とドキュメンタリーについて

プロジェクト2年目から私たちが採用したドキュメンタリー形式と、「にっぽん多文化共生発信プロジェクト」という名称が学生にどのようなイメージを与えたのかわかりませんが、参加学生は前年よりグッと少なくなりました。それでもやる気に満ちた数名の学生が履修したことで、プロジェクトは発進することができました。ここではドキュメンタリー制作について触れていきたいと思います。

2年目に私が意識したことは、まず基本となる情報をインプットするということです。「多文化共生」ということばを曖昧なままに出発することはできません。武蔵野大学の神吉宇一さんの講義は、ことばの意味を辞書で調べることとは別のリアルな学びになりました。この体験は学生にとって、今後の活動の基軸となったと考えています。つまり、人と出会い、そこから直接情報をもらうということ、質問をして返ってくることを通じ、ドキュメンタリーを撮る準備が始まったのです。ドキュメンタリーには、〈虚構ではなく事実の記録に基づく作品〉という意味があるように、その基本は「記録すること」にあります。今回の場合、その方法は映像です。1年目は、撮影技術についてあまり触れられなかった反省から、今回は撮影練習をすることにしました。三代さんのライフストーリー研究にヒントを得て、チーム内でインタビュアーとインタビュイーを決めて、校内でインタビュー撮影をしたのです。学生にカメラと三脚の使い方を簡単に説明した後、彼らはそれぞれビデオカメラと三脚を担いで構内を歩き回り、場所を決めてなんとか撮影してきました。それをすぐに教室で見せてもら

写真5-1．練習映像のふりかえり

い、撮影した素材がどう見えるかを話し合っていきました（写真5－1）。インタビューで語られている内容も重要ですが、学生たちの演出・撮影技法が、映像の視覚的な印象とどのような関係にあるのかについてアドバイスをしました。なぜ、その場所なのか、なぜ、このサイズなのか、それを決定するための自分なりの根拠が必要であることを視覚言語的な観点から伝えました。いわゆる「絵作り」についてです。

私は普段の研究において、ドキュメンタリーを撮ることが多く、さまざまな現場でビデオカメラを回しています。そこに共通して言えるのは、現場は一瞬足りとも止まることはないということです。物事の流れの中で、何をどこから撮影するかは、瞬時に判断して動かなければなりません。また、今見ている状況をどれくらいの長さで撮影するのかも決めて、どこかでカメラを止める必要もあります。ドキュメンタリーは、フィクション映画のようにセットをつくり、照明を当て、人の動きをコントロールすることはできませんから、眼前に起こる事柄に反応してカメラを回すしかないのです。しかも、そのチャンスは1回限りです。同じ映像でも、ドキュメンタリーとフィクションの撮影方法はまったく違う「絵作り」になるのです。

学生は、自分の思い描くイメージを形にすることを好みがちです。それが作品のオリジナリティーにつながると考えるからですが、ドキュメンタリーは、自分の頭（イメージ）の外で起こっていることへの撮影者の反応が直接映像に記録されます。ですから、イメージを形にする際は、現場が中心になります。そして、そこで自分が何を見ているか、あるいは見ていないかがわかるのです。

たとえば、ドキュメンタリーを構成する要素であるインタビューをする場合は、映画のように決められたセリフというものがありません。ですから、現場に入る前にあらかじめ質問を用意しますが、それをただ聞いて終わるというのでは、素材として力を持ちません。なぜならば、そこにはインタビュイーとの対話がなされていないからです。インタビュアーは、一つ聞いたことからさまざまなことへ関心を向けることができるかどうか、あるいは、その話題をどこまで深く掘り下げていくことができるかといった、広さと深さをリアルタイムに判断しながら次の質問へとつなげていき、逆にインタビュイーも質問に応えることで、刺激を受けていくことが重要なのです。そのためインタビュアーには、入念なリサーチと、自分の考えを持つこと、そして何より、その相手に興味を持つことが大切です。そして、お互い信頼関係を築くことが、魅力あるインタビューにつながると考えます。インタビューイーにアポイントメントをとり、指定された時間に現場に行き、そこで初めてインタビューイーと出会ったとして、そこからすぐに撮影ができるものではありません。まずは、インタビューしたい内容についての現場での打ち合わせはありますが、それと同時に、どこで撮影するのかを現場を見て素早く決定することも重要です。インタビューイーの背景に何が映されるかは、視覚情報として画像の密度を上げるからです。こうした撮影に必要なスタンスは、ことばだけではなかなか伝えられません。そのことを、学生たちは現場に入ることで実感していくことになったのです。

ドキュメンタリーで何を記録するか

2年目のプロジェクトでは、三代さんが紹介したいくつかの団体から、学生たちは興味のある団体にアクセスをして、撮影の段取りを組んでいきました。しかし、作業が進むにつれ、学生たちのドキュメンタリーのイメージのもととなっているものが、テレビドキュメンタリーしかないということがわかってきました。つまり、ナレーションによって、現実を物語化する方法です。それと同時に、彼らには、ドキュメンタリーは事実を写すものであるため、客観的でなければならないという考えもあったようです。しかし、考えてみれば、映画が誕生した時から、映像は基本的に客観というものは持ち合わせていないのです。現実に対し、カメラを持ち込み撮影する時点で、それはすでに客観ではなく、主観的に物事を記録することになるのです。

リュミエール兄弟の撮影した映像は、一見すると1890年代後半のフランスをはじめとした世界各地の人々の生活の断片をドキュメントしていますが、そこには先に述べた演出技法がすでに存在し、撮影者の眼差しを通して、現実のイメージを観客が追体験するという構造ができ上がっています。フィクションとドキュメンタリーを比較した時に多くの人に起こる誤解が、この客観性なのです。ましてや現実を物語化して語る方法がドキュメンタリーのイメージにあるとすれば、それは大きな矛盾でもあります。まずは、そのことを学生に伝える必要がありました。そして、学生には「自分たちの視点で作品をつくってください」と言い続けました。同じ現実を体験しても、人によってその価値は異なります。その差異を学生が認識することが重要である時、2年目以降メンターとして各チームに所属し、メンバーとして加わったカシオの方々の存在は非常に大きかったと言えます。学生の作品を講評するという初年度の立場から一変し、社会人、企業人として学生とチームを組んで共に制作するというフラットな関係は、まさに多文化共生そのものだったのです。

絵で語ること、その重要性

こうして、学生とカシオのメンバーは取材先に赴き、撮影を重ねていきました。2年目は多文化共生というテーマに直結した、団体や組織にスポットを当てたことから、そこに携わる人々の思いや、活動の実際に触れていくことができました。取材方法の中心はインタビューによるものでしたが、その重要性と同時に、もう一つの大事なことを学生に伝えました。それは撮影対象の方々が働く現場を記録することです。インタビューはことばを媒介して、その人の考えていることを聞き出すことができます。それをカメラで撮影することで、記録として残すことができるし、逆にインタビューをしなければ、そのことばを私たちは知ることができないのです。しかし、ありがちなのは、セッティングされた撮影が、インタビュアーとインタビュイーにとっての非日常的な出会いと会話になることです。つまり、何を聞きたいのか、何を話してくれるのかという関係を人為的につくることで、予定調和的な会話になることがあるのです。もし、映像がその要素だけで構成されるとしたら、おそらく見る人は集中して見ることが困難になるでしょう。なぜなら、そこからことばの意味を抽出して理解するというだけになるからです。

小説家の保坂和志は『書きあぐねている人のための小説入門』(3)で、小説において風景を描写することの難しさと、重要性についてこう語っています。

風景描写の大変さを痛感している時偶然、養老孟司さんが芭蕉の「古池や〜」の句にふれて、同じ主旨のことを言っているのを読んだ。論理的な思考というのは難しいと思われがちだが、論理も言語もどちらも線的（直列的）な構造であるため、人間の脳にとっては同じ質の作業に属するのでさほど難しいことではない。しかし、知覚全般は一挙的（並列的）なため、それを線的（直列的）な言語に置き換えるのは脳にとって負担が大きく、それゆえ感動も大きくなる。「古池や蛙飛び込む水の音」は、たったこれだけの長さしかないのに、視覚と聴覚の両方にまたがってイメージが駆けめぐるところが素晴らしいのだ、と。

先に述べたように、文学はことばによって私たちの脳にイメージを生成させますから、風景をことばで描写する意義は、この主張からも十分伝わると思います。一方、映像において、インタビューにおける対話は線的な理解を促すものであると言えますが、私たちは、視覚言語の要素を同時に摂取します。その要素があるからこそ、ことば以外のものから映像に魅力を見出しているのです。そして、撮影対象を取り巻く世界、すなわち並列的な知覚を提示する「風景」をいかに描写するかが、実は重要なのです。ですから、学生たちにアドバイスをする時は、まず、オフィスなり建物があるとすれば、外観や周りの風景を必ず撮りなさいとか、撮影対象が現場で仕事をしている姿や、誰かと話をしていたらその会話を撮りなさいとか、つまり、極端な話ですが、相手が許可してくれたらなんでも撮りなさいと伝えました。その意図は、現場で働き、生きて動いている姿こそが彼らの日常だからです。それを見つめる眼差しがあることで、作品はオープンエンドになるからです。自分たちが取材した対象を、物語化して語って結末をつけるのではなく、自分たちが見てきたことを、観客に伝え、委ねる姿勢を知ってもらいたかったのです。

ところで、作品は各チーム上映時間10分以内という制限を設けていました。それはカシオのＷＥＢサイトに掲載し、ＷＥＢ上で見るという条件があるためです。アメリカのドキュメンタリー作家、フレデリック・ワイズマン[4]は入念なリサーチと長期にわたる撮影と編集によって、優れた作品を生み出しますが、その作風は徹底しており、ナレーションや音楽は一切ありません。また、登場人物へのインタビューもないのです。それでも私たちがその作品を眺めていられるのは、自分の眼差しがカメラと同期して、現実を追体験しているかのような感覚になるからだと考えます。もちろんそのような時間と費用をかけて長時間の映像をつくることは今回のプロジェクトにはあてはまりませんが、少なくとも、ことばの多用や現実の物語化によって、わかりやすく何かを伝えるという考え方だけは避けたかったのです。

3年目の進化

その意識は、3年目のプロジェクト時にさらに強化されました。3年目は団体や組織ではなく、個人に焦点を当てるという提案が三代さんからありました。学生たちは、さまざまな過去を持つ「個」と対峙することで、多文化共生というテーマをその人自身から感じ取り、何かを捉えようとしたのです。それは、問題意識を自分ごととして考えることにつながっていきました。そうした時に、学生の意識の変化が明確に現れたのは、撮影後の編集の段階でした。

映像は編集によっていかようにも変化します。あるチームでは、撮影した素材を全員で共有しながら、メンバーが個別に作品を編集し、それをチーム内で互いに見せ合うことをしていました。その中には、もちろんカシオのメンバーもいて、学生とそれぞれのエディションについて熱く語っていました。その中で、「これでは、自分が体験した感覚が表現されていない」といった意見が出てきました。五感を通して感じ得たコトを映像で伝えることの難しさと、それを考える意義に気がついた瞬間であったと思います。また、あるチームでは、ナレーションによって説明をしなければ意味が伝わらないのではと考え、全編にわたりナレーションをつける形で進めていましたが、編集が進むにつれて、ナレーションがどんどん削られていきました。ことばがあると、人はその意味づけで映像を理解していこうとします。それほど視覚言語というのは、ことばに修飾されやすいのです。そのことに学生が気づいたのは、重要な出来事であったと思います。もちろん、この変化が生じたのは、身近な例として、過去のプロジェクトで学生たちがつくってきた作品を参考にしているからです。それらの作品を丁寧に読み解き、ことばにすること。そして、現在自分たちが制作している映像を省みて、映像とことばの間を行き来したことが進化につながったのだと思います（写真5－2）。

写真 5-2. 映像編集の様子

4. ドキュメンタリーのドキュメンタリー

1章で三代さんが書いているように、このプロジェクトには、米徳ゼミの学生が、ゼミのプロジェクトとして参加しています。その役割と目的は、この産学共同プロジェクトをメタ認知するための映像をつくることでした。つまり、ドキュメンタリーを制作して、成果を発信するというプロジェクトの「総括」を、「ドキュメンタリー」で行うということです。

作品制作の舞台裏を収める

よく映画のソフトにはメイキングビデオがついていて商品価値を高めますが、作品制作の舞台裏というものは魅力的であり、いかにしてその表現が生まれたかを知る意味で、とても重要な学びがつまっていると考えています。そうした舞台裏を人々に伝えることが、映像文化を豊かにしていることにヒントを得て、初年度からこの企画を実行してきました。集まったゼミの学生は、その意図をよく理解し、粘り強く個々のチームの活動や、授業の様子を手分けして記録していきました。そして、それぞれの年度において、ドキュメンタリーを編集する方法が議論されました。ドキュメンタリーには作家の数だけスタイルがあり、その構造や、撮影時のスタンスを分析することで、自分たちが表現したい形を探ることが必要になります。ゼミの学生は3年生とはいえ、プロではありませんし、もちろん自分のスタイルなどもありませんから、とにかくなりふり構わず何でも撮影し、記録することから始めるしかありませんでした。

ドキュメンタリーのおもしろいところは、変化していく現場と伴走しながら、徐々に自分の視点がつくられていくところにあります。そして、このプロジェクト全体を自分がどう見ているのか、あるいはどう伝えられるのかについて考え出す時に、ようやく撮影方法が見えくることもあるのです。プロジェクトを始めてから3年の間に、3本のドキュメンタリーができましたが、学生は毎年、前年度の学生が制作したドキュメンタリーを鑑賞し、分析して、自分たちはどのように撮影し、編集するかを議論します。ですが、現場が動き始めると、もうそれどころではなく、日々変化する事態に対応することで手一杯になります。というのも学生は、ほかの授業の課題や、アルバイトなどをこなしながら、プロジェクトにも関わっているからです。それは上級日本語クラスの履修学生たちも同様です。それだけ、ですが、「忙しくてできませんでした」ということばを学生から聞いたことはありません。それだけ、プロジェクトにおける社会的責任を、一人ひとりの学生が感じていたからなのでしょう。

ドキュメンタリーをつくる上で、素材はとにかく多い方が良い。これは確かなことです。素材がなければ、その事実はなかったことになってしまうからです。これは不思議なことですが、私たちは普段、日常の生活をすべて記録したいなどとは思いません。しかし、ある目的が発生すると、すべてが関係しているような気がして、それらを撮っておかないと気が済まないというような落ち着かない感覚になるのです。この一期一会ともいうべき感覚は、スマホによって日々を写真で記録する学生にとって、共感できるのではないかと考えます。自分がその空間に存在して、カメラを対象に向けて、何かを凝視したという関係性。その結果として得られる素材は、自分がそこにいたことの証明でもあります。

三代さんの上級日本語の授業において、チームごとに対象を決めて取材する段になってくると、ゼミの学生たちは、それぞれのチームを取材するために、チーム担当制を採用して、授業時間以外の時間でバラバラに動くチームの動向を共有しながら、取材を進めていきました（写真5－3）。その甲斐あって、各チームの動向が一通り把握できるだけの映像素材が手に入りました。しかし、ドキュメンタリーの大変なところは、ここから始まる「編集」にあるのです。

シナリオの存在しない映像編集

フィクション映画にはシナリオがあります。シナリオは、ことばによる映画の設計図のようなもので

写真5-3．授業の様子を撮影する米徳ゼミ（左手前）

すから、あらかじめその映画が何を伝えようとしているのか、上映時間は何分ぐらいかなどを測ることができます。しかし、テレビ番組のドキュメンタリー風の再現ドラマなどはシナリオをつくることができますが、ドキュメンタリーの場合は、そのシナリオが存在しません。ですから、編集することによって初めて、制作者自身も映像が何を表現しているかを感じることができるのです。

私は上級日本語クラスの各チームの学生に、ドキュメンタリーは主観的表現であるという意味を込めて「自分たちの視点で作品をつくってください」と伝えてきましたが、実はそれ自体とても難しいことで、本来であれば、「自分の視点で作品をつくってください」と言った方がわかりやすいのです。編集の中心を誰にするかによって作品は変化しますから、ゼミにおいても、毎回このことが問題となります。その解決策としては、まず各自が自分の考えで編集するということ、次にそれをゼミで見せ合って、互いに批評するということです。そうして一つの方向性に絞り込んでいくのです。

構成案で流れを考える

ゼミ生が各自で編集するといっても、４ヵ月分の膨大な映像素材をいきなり編集することは無理です。そこで彼らにやってもらうのは、構成案の作成です。撮影素材をどのような順番で組み上げるかをことばで検討するのです。構成案のポイントは、「この映像を初めて見る人が過不足なく情報を受け取ることができるか」ということです。自分たちは現場を撮影し、体験しているため「わかっていること」を無意識に前提としがちですから、構成案によって、映像の流れを客観的な視点で捉え直すのです。多文化共生というテーマを、自分たちはどのように考え、プロジェクトのプロセスを俯瞰するかという視点から、これまで撮影してきた素材の具体的な要素を選び出し、オープニングからエンディングまでの順番を、ことばで箇条書きにして構成するのです。

その準備として、撮影素材をすべて見ておく必要があります。ここで重要となるのが、撮影素材を撮影日ごとに分類して整理することです。複数のメンバーで撮影していますから、「何台のカメラで撮影したか」や「誰がどこで撮影したか」といった情報を、ほかのメンバーが見てわかるように、PCにフォルダーをつくってファイル名に記載します。こうしてシェアされた素材をすべて頭に入れることで、ようやく構成案を考えることができるのです。毎年のことですが、構成案をつくる時期は、プロジェクトの終盤になります。上級日本語クラスの各チームの作品仕上げが終わるまで撮影しながら、それと平行して、ゼミのドキュメンタリーの構成案が検討され始めるのです。

ラフ編集でイメージを確認する

最初の構成案ができたとして、具体的に映像を構築する時、どのような映像が採用され、どんなトーンに仕上がるのか。それはラフ編集をして実際に見ることによって、自分も他者もイメージを具体的に捉えることができます。そうやって初めて、自分たちが撮った素材がどう活かされているか、もっと活かすにはどうしたら良いかを検討することができます。撮影現場は、その時、そこに確かにあります。それをカメラで撮影する場合、多くの可能性から一つの角度が決められ、撮影者の意図と美意識がテクニックと共に記録されます。そして、この編集の段階になると、さらに意図が付加されていきます。撮影の現場に流れる時間はリアルタイムですが、映像では編集によって時間と空間を任意に変化させることができます。またそれによって意味を創出することも可能です。それが映像の大きな特徴です。ドキュメンタリーが客観ではないという理由がここにあります。人々はカットとカットがつなぎ合わされることで、そこに変化や意味を読み解こうとします。ですから、先のフレデリック・ワイズマンは、こうした映像の表現特性を踏まえ、過度な演出を避ける形で作品制作をしていることがわかります。つまり、現場に流れる時間や空間をできるだけ尊重するということです。観客に、まるでその現場に居合わせたような感覚を表現すること。ワイズマンの作品に音楽やインタビューがないことも、そうした理由があると考えられます。

ラフ編集から完成作品へ

ゼミの学生はさまざまなドキュメンタリー作家の作品を参考にしながら、このプロジェクトの体験にふさわしい編集方法を見つけていこうとします。ゼミのメンバー全員がラフ編集を行い、各自がプレゼンテーションする中で、このプロジェクトのメタ認知にふさわしい形を練り上げていくのです。結果として採用されるのは、基本の構成を時系列にするということです。

プロジェクトは9月に始まり、翌年1月の成果発表会において作品を上映して終了します。その流れを一つの区切りとした時に、初見の人が混乱せずに映像を見る構造として、出来事を時間軸に沿わ

写真 5-4. 発表会の直前まで続く映像編集

せることは自然な選択でしょう。ただし、一つの出来事ではなく、各チームが同時多発的に活動するわけですから、それを一本化するという時に問題は起こります。誰が、どこのチームで、どんな人を取材しているのか、といった登場人物が複数になってくると、これも見る人の混乱につながります。こうしたプロジェクトにおける各要素について、どこまで説明するのかという判断、そして、説明だけでは単に流れをまとめたにすぎませんから、そこにゼミ生の眼差しをどのように入れ込むことができるのか。こういった問題は、一つ素材を入れ替えるだけで、作品が別の顔を出してきます。あちらを立てればこちらが立たぬ、という板挟みは誰しも経験があると思いますが、ドキュメンタリーもそのような葛藤の産物であると思うのです。

特に3年目のプロジェクトにおいては、上級日本語クラスのチームが5つもあり、ゼミ生たちは、担当チームの特徴を出すことを心がけると共に、それらをどのように全体の時間軸に組み込むかで苦労したようです。最初は5人の担当するパートのトーンがバラバラで、およそ一つの作品には見えない状態でした。また、2年目以降、作品の長さを20分程度と設定しているため、入れたい要素を厳選しなくてはなりません。結果として、学生へのインタビューなど、多くの素材をカットすることになりました。作品のメッセージを明確にするためには、良い絵であっても使わないことを、ゼミ生たちは学んだと思います。発表会までの時間が迫ってくる中、大学は入試期間に入り、ゼミ室でのチェック作業ができなくなりました。ゼミ生たちは喫茶店やレンタルルームなどに集まり、私と三代さんもそこでラフ編集を見てアドバイスを重ねました（写真5－4）。回を重ねるごとに編集が整理され、ようやく皆で納得したものができましたが、しかし、それがベストではないという思いを引きずるのも、ドキュメンタリーならではかもしれません。ちなみに、現在カシオのＷＥＢサイトで視聴できるゼミ生のドキュメンタリー作品は、発表会当日に上映したバージョンとは別で、上映会当日の様子を撮影した素材を加え、編集し直したものなのです。

ドキュメンタリーにおけるタイトルの役割

作品の「タイトル」は、ことばの表現として特別なものがあります。名は体を表すというように、名付けられることによって、作品はそのことばの意味をまとうことになります。ゼミにおいて編集作業が進められるのと同時に、このタイトルをどうするのかがいつも問題となります。企画書を作成する時も同様ですが、ことば以外のメディアで表現しようとしていることを、ことばで説明するのはとても難しいのです。タイトルとなるとその作品の顔であり、作品全体を引き受けることばですから、慎重になるのも当然です。

1年目のドキュメンタリーは「CASIO×MAU　産学共同プロジェクト2017」というように、実はタイトルらしいことばはついていません。プロジェクトのメイキングビデオという控えめな形に見えます。これは初年度ということもあって、ゼミ生のプロジェクトへの位置付けが、メタ認知の立場を強調しすぎた結果であったと考えます。

2年目は、その反省からゼミのメンバーがプロジェクトのメンバーとして内部に入り込むことを意識しました。その結果、ゼミ生は上級日本語クラスの学生たちとコミュニケーションをとるようになりました。ドキュメンタリー作品につけたタイトルは、「教科書で学べないもの——にっぽん多文化共生発信プロジェクト」となっています。「教科書で学べないもの」とはすなわち、プロジェクトに関わって出会った外部の人々の生き方を指しており、それがこのプロジェクトを総括することばとして選ばれたのだと思います。そこには、ゼミ生たちの実感がこもっています。

そして3年目は、プロジェクト内で5つのチームが編成され、ゼミ生もちょうど5名ということで、チームごとに担当としてつくことができました。昨年度よりさらに密着する形で各チームの活動を追い続け、もはや本編とメイキングというよりは、一緒に撮影取材し、活動するという関係になったようです。そのためか、ゼミ生は自分の担当するチームは状況把握できているが、全体となると情報共有が難しかったようで、作品のタイトルづけは難航しました。プロジェクト全体を捉える必要から、「ともに生きる」が候補として挙げられましたが、最終的には「今日からできること──5つの軌跡を辿って」に決定しました。「今日からできること」は、取材先の人物が話したことからインスパイアされたことばであり、そこにサブタイトルとして「──5つの軌跡を辿って」がつくことで、作品の主旨と内容が一目でわかるようになりました。こうしたタイトルづけを行うことで、その作品が表現する方向が定められていきます。編集の途中で良いタイトルを見つけることにより、ことばとことば以外の表現が融合されることで、作品はその作品らしく仕上がっていくのです。

5. まとめ：ドキュメンタリーの機能

毎年、成果発表会では、上級日本語クラスの学生チームが制作したドキュメンタリー作品の上映後に、米徳ゼミが制作した「ドキュメンタリーのドキュメンタリー」が上映されます。この呼び名が生まれたのは、プロジェクト2年目以降のことです。米徳ゼミのドキュメンタリーは、学生たちとカシオのメンバー、そしてこのプロジェクトに関わった人々の全体をドキュメンタリーにすることで、会場に集まった方へ4ヵ月間のプロジェクトを共有するための材料を提供しているのです。会場に集まった方々の反応を見ると、三代さんが設定した多文化共生というテーマや、映像という表現手法は、日本語教育における実践コミュニティの事例として確実に人々に届いたように思います。また会

写真 5-5. ドキュメンタリー上映後の質疑応答

場でのやりとりを通して、カシオのメンバーもCSRとしての取り組みに大いに意義を感じていると思います（写真5－5）。

この3年間で私が得たことは、このプロジェクトの本質が、テーマの問題解決というよりは、今そこにある、気がついていないことを掘り起こし、その現実に向き合うきっかけをつくるものであるということです。3年目の上映会で、私がプロジェクトをふりかえって学生たちの制作したドキュメンタリーについてお話ししたことに関して、会場にいらした日本語教育に携わっている方から、後日メールをいただきました。そこには、「まずことば化してみること。映像とことばの関係を考える。そして、だんだんことばが要らなくなっていく。プロはことばが多くなる。そこからは離れていくことが大切。」という米徳さんのコメントからたくさんの学びがありました。」と書いてありました。ご自身の日本語の教育に置き換えて、このことを深く考えてくださったようです。こうした認識を多くの方が持つ可能性があることが、ドキュメンタリーを考え、つくり続けることの意義だと思うのです。

3年間の産学共同プロジェクトは、学生や教員、カシオのメンバーや、取材を通じて関わりを持っていただいた方々にとって、映像を通じた情報発信を社会実践する重要な場となり、お互いが学びを深める絶好の機会になったと思います。また、単発のプロジェクトで終わることなく、3年間の活動を通じて、PDCAサイクル(5)を実践しながら、継続的、発展的に展開することができたのも、大きな成果であると考えます。

注)

(1) ギオルギー・ケペッシュ、グラフィック社編集部訳（1981）『視覚言語 Language of Vision』グラフィック社、p. 15.

(2) ウォーレン・バックランド、前田茂・要真理子訳（2007）『フィルムスタディーズ入門：映画を学ぶ楽しみ』晃洋書房、p. 12.

(3) 保坂和志（2003）『書きあぐねている人のための小説入門』草思社、p. 116.

(4) フレデリック・ワイズマン……アメリカ合衆国のドキュメンタリー作家。1930年生まれ。1967年、初監督作品「チチカット・フォーリーズ」を発表。その後もアメリカ社会の組織構造を見つめるドキュメンタリーを多数制作。

(5) PDCAサイクル……Plan（計画）、Do（実行）、Check（評価）、Act（改善）の4段階を反復することで、継続的に改善していけるとするビジネスで使用される管理方法。

チームワークって多文化共生ですね

西村茉理子（芸術文化学科4年：米徳ゼミ）

私は、2019年度のプロジェクトに米徳ゼミのメンバーとして参加しました。私が米徳ゼミに入ることを決めた理由は、「外国の人と関われるプロジェクトがある」ということが一つの理由でした。単純に自分と違う見た目や言語、文化を持つ「外国人」という存在に興味があったからです。国同士の違いを話し合って楽しんだりしたいなあという軽い気持ちでのスタートでした。

上級日本語クラスが制作するドキュメンタリーの撮影をするために、5つのチームのうち3つの取材に同行することができました。そこではとてもおもしろいことを知ることができました。外国人に関わる活動にはさまざまなものがあること、そこにはさまざまな立場があること、そしてそれを取り巻くさまざまな人生があるということ。人生はみんな違うということは当たり前ですが、自分が踏み出したことのない領域に踏み込んでみると、それがありありと実感できました。

印象的だったのは、チーム〈light〉の取材で訪れたミャンマー・レストランの「ルビー」で、あるミャンマー人の同じ年の男性とお話ししたことです。たこ焼きパーティーが行われていたのですが、小さい子どもが多く、あまり料理を食べられていないように見えたため、勇気を出して声をかけました。するとうれしそうに挨拶をしてくれて、お友だちも紹介してくれました。私はそんな彼を見て、

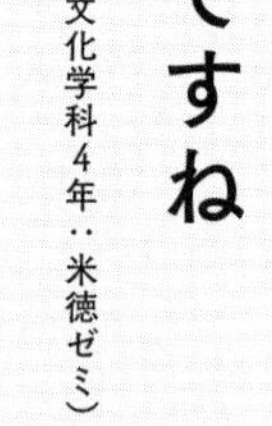

西村茉理子

やはり誰でも声をかけられたらうれしいのだなと思いました。チョウチョウソーさんがおっしゃっていた「外国人に挨拶してほしい」ということばを思い出しました。

また、〈light〉〈SHUMai〉〈ENTER〉の3つのチームに同行したことで、それぞれのチームの特徴を見ることができたのもおもしろいことでした。真面目なチーム、フレンドリーなチーム等々……。みんな思いやりのある人たちばかりで、とても楽しく、たくさんのことを学ばせてもらいました。

あるメンバーが言っていた「チームワークって多文化共生ですね」ということばは、このプロジェクトの中で最も強く印象に残っています。私もそのことばに共感しました。そして、ああそういうことなんだ、と思いました。「多文化共生」というのはいつも私たちが生きている中で行っている「チームワーク」なのではないか？　そう考えると、ことばにするのは難しい「多文化共生」の説明もわかりやすいのかな、と思いました。

ドキュメンタリーを制作するにあたり、メンバーの皆さんの活動が収められたすべての動画を繰り返し見ていたため、動画ができ上がる頃にはメンバー一人ひとりに愛着が湧いてしまいました。自分が関わったチームはもちろんのこと、同行していないチームの訪れた場所、空気感、人との関わり、皆さんの関わり、臨場感等も知ることができました。そのため、発表会では卒業式のような感情がこみ上げてしまいました。編集作業はとてつもなく大変でしたが、気づきや学び合いの多い充実したプロジェクトでした。

第6章

［座談会］カシオにとっての産学、ムサビにとっての産学

左奥から時計回りに、奈良、大塚、西本、米徳、三代

日　　時：2020年2月19日

場　　所：武蔵野美術大学鷹の台キャンパス

メンバー：三代純平（武蔵野美術大学言語文化研究室）

米徳信一（武蔵野美術大学芸術文化学科）

西本浩二（カシオ計算機デザイン統轄部）

大塚　功（カシオ計算機事業戦略本部）

奈良勝弘（カシオ計算機デザイン統轄部）

なぜ、カシオがこのプロジェクトに取り組むのか

三代：学会等でこのプロジェクトについて報告すると、「なぜカシオが行うのか」という質問を必ずもらいます。カシオがこのプロジェクトを行う意義はどこにあるのでしょうか。

大塚：カシオとしては、全社を挙げて教育事業に力を入れています。その中でも、電子辞書を中心に、語学教育は重要な位置付けです。今回、その中でも日本語教育に焦点を当てた取り組みということで、会社としてのメリットは非常にたくさんあります。具体的には、一つはやはり日本語教育市場のマーケティングの機会になっていることです。それからもう一つは、三代先生をはじめ、業界関係者の方々とのコンタクトがとれることによって、パイプをつくることができます。最後に、一番大きいものとしては、日本語教育に対する社会貢献を通じたカシオのブランディングですね。たぶん一番大きな目的は、これになっているんじゃないかなっていうのが本音です。具体的に何がどうっていうことではなくて、やはりこういったことにカシオが全面的に、しかも言い方はすごくいやらしいですけど、直接的なビジネスに直結しないという中で力を入れてやっているというところが、結果としてブランディングにつながっていくと思います。

奈良：プロジェクトに直接関わっている私たちは、社会貢献の一環として行うということでいいじゃないかと思っているけど、それだと会社を説得するには、なかなか難しいんじゃないかと思っ

ていました。やっぱり事業貢献が必要なんじゃないのって。このプロジェクトが事業貢献したのかって言われるとつらいなと思っていたんですけど、会社のムードも変わってきました。たぶんそれは、今回（２０１９年度）の発表会の出来が良かったというのもあると思います。もう、ビジネスとかじゃなくていいんじゃない、社会貢献と割り切っても、という話が社内でも出ていました。

大塚：３年目の今年、初めて私が引き継いで、初期段階の時は（前任の）吉田からもいろいろと話は聞いていたんですけど、直接的なビジネスとしてどういうふうにつながるのかっていうところが、私もピンと来ていませんでした。

奈良：大塚さん自身がピンと来てなくて、何のためにやるんだと（笑）。

大塚：私も、まずやろうかっていうところからスタートしました（笑）。その段階の時に、社内の関連部署の中からも、いや、そろそろビジネスにつなげないとまずいんじゃないの、みたいな話が出始めていたんですね。でも、具体的にどうつなげればいいんだろうっていうのは……（笑）。カシオとしては、まだ事業に直結する商品がない状態で今期のプロジェクトがスタートしたんですよね。そんなわけで、どうやって進めようかなと思っていたんです。でも、最終的に終わってみると、社内でも、社会貢献と割り切ってやっていくのも一つの考え方だよね、という話になってきて。それで先ほど言った、最終的にはブランディングっていうところにつながるという話になってきたように思います。

西本：でも、せっかくいいものができたので、それをいかに多くの人に知ってもらうかということを、今後はやらないといけないかなっていう話はしているんですよね。

奈良：多文化共生発信プロジェクトの、「発信」の部分がまだ弱いよねと言われています。

西本：そうなんですよ。YouTubeに載せるだけだとあまり見てもらえないから、どうやって広めていくか。アイデアとして出ているのは、いろんなところで上映会をひらくとか。

三代：会社としては、社会貢献だけを目的にはできないと伺っていたので、今のお話はちょっと意外です（笑）。

奈良：僕らが一番意外でした（笑）。

なぜ、ここまでプロジェクトに入れ込めるのか？

三代：奈良さんと西本さんは3年目、大塚さんは今回初めてですけど、ほぼ毎回、授業に来ていただいたと思います。正直、大変じゃないですか。なぜそこまでやってくれるんだろうって思います。

西本：奈良とキムさんは、ムサビ出身なんでね。

三代：でも大塚さんもほとんど毎回来てましたよ（笑）。

大塚：私はですね、いくつか理由はあると思うんですけど、一つはやはり吉田が今まで、吉田に限らず小川も含めて、やってきてくれたものを引き継いだ以上は、それなりのものにちゃんとしていかなきゃいけないっていう責任感が一つ。あともう一つは、やっぱり正直、やっていると楽しくなってくるんですよ、私。

米徳：楽しかったんですね。

大塚：学生さんもやっぱり一緒に接しているると、かわいいんですよ。一緒にちゃんと仕上げていきたいなって、僕は僕の立場からできることをやりたいと思ったのが、もう一つの本音です。昨日も奈良と話していて、「なんか途中からすごいテンション上がりましたよね」って言われて。

奈良：吉田さんから引き継いだ時の初日の大塚さんと、今、ノリが全然違う。何があったんですか。

米徳：大塚さんにとって、ピンと来たタイミングがありましたか？

大塚：やっぱり取材に行ったあたりから。そのくらいから徐々に入り込めたっていうか、感じるものがあったのかもしれないですね。

奈良：僕らの時は初年度、メンターみたいに入ってなかった。たまに授業に出て、偉そうなこと言って。そんなんじゃ駄目だよ、君たち、みたいな。

米徳：いや、そんなこと言ってない（笑）。かなり優しく言ってくれてましたよ。いや、ちょっとそれは、もっとズバッと言ってほしいんですけどって思ってた。すごい気を使ってコメントしてくれてたのは覚えてます。

奈良：たぶん三代先生と米徳先生と、僕らのこの距離感みたいなのも、お互いどこまでやっていいのか、とか。

西本：それはありましたね。

米徳：だから、ドキュメンタリーに切り替えたのと同時に、やっぱりカシオの人たちも一緒にチームの中に入るということを提案させてもらって。

西本：そうなっちゃうと、やらざるを得ないんですよ。

米徳：大概の産学連携の形って、学生がつくったもののプレゼンを、企業の人が聞いて、コメントするというところで終わっちゃうじゃないですか。それが製品化されるかどうかみたいな流れしかない。だから企業の人も一緒になって学生と動くっていうのは……。

西本：なかなかないと思いますよ。

米徳：ないんですよ。これは新しい。

奈良：今年なんか、メンターが入って、逆に米徳先生から駄目出しされるっていうつらい立場に、僕は追い込まれ（笑）。

米徳：してない、してない（笑）。学生とは別に、奈良さんが自分で編集してきたけど、僕はもう怖いんで、奈良さんのは見ないで、学生のだけ見ていろいろコメントすることにしました（笑）。でも、ここまでカシオの人たちが前向きにやってくれるっていうのは、すごいなと思いましたよ。

西本：やっぱり、みんな楽しんでやってたんじゃないですかね。

三代：今年度が始まる時、奈良さんは出世しちゃったから、ほとんど来られないって聞いていたのに

（笑）。授業が終わった後、車で一緒に取材に行ってましたね。

西本：一番取材に行ってるんじゃない？

奈良：キムさんにめちゃくちゃ怒られましたけどね。入り込みすぎですって。学生が奈良さんのことうざいと思ってると思いますよって。

西本：取材に行ったりする時に、やっぱり学生さんでやりきれないところがあるんですよ、どうしても。交渉ごとだったり、段取りだったりとか、準備だったりとか。そういう時は、一緒に行く意味はすごくあるなと思いましたね。だから、授業に出てやるっていうのももちろんあるんだけれども、一緒に取材に行って、自ずとみんなの役割分担ができるような、そういうところは、やっていておもしろかったですね。

続けていくこと

三代：3年間やって、当然私たちの距離感なども変わりますよね。そういう意味では、1年目って全部が距離感があった。僕は当然カシオさんにもすごく距離感あったんですけど、米徳先生にもすごく距離感っていうか、申し訳ないなっていう気持ちがありました。自分の授業じゃないのに、毎時間来てくれるわけじゃないですか。やっぱりすごく負担が大きい。

米徳：自分の授業だと思ってますもん。

三代：そうなんですか？

米徳：自分ごとにしています。楽しいから来るんですよ。

三代：1年目ははじめだから、どこまでお願いしていいのかっていうのはすごい手探りで。最近、結構頼んじゃってますけど。

米徳：やっぱり三代さんとやるのは楽しいというか、すごく勉強になるんですよね。僕の知らない世界というのをすごく持っていて、そういうものを学ばせてもらっているつもり。

三代：今年カシオの人たちとしゃべっていておもしろかったのは、「うちのチームは」っていう議論をされていたことです。

奈良：ライバル関係。だから中間発表みたいなところで、どこが抜きん出てたか、編集が進んでいるところがあると、すっごい気になるんですよね。

三代：チーム感が出てましたよね。「うちのチームはさあ」っていう話し方をするのは、おもしろいなと思って。

西本：入り込みますよね。やっぱりチームごとにキャラがあるので、すごくおとなしいチームとか、すごく和やかなチームとか。それはそれで、関わり方もたぶんそれぞれ違うんだと思うんですよね。たとえば、奈良のチームは結構、フレンドリーとか。

米徳：そうやって見ていくと、カシオの方がメンターとして入るという形がすごく自然にできている。最初に三代さんの研究の話を聞いた時に、僕が一番頭に残ってるのは、実践コミュニティっていうことばなんですよ。だから、言語を習得していくのに、教科書じゃなくて何か、たとえばアートとか表現を置いて、そこに集まった人たちがいや応なしに会話する状態。それがきっと、ある種、多文化共生じゃないですか。企業人もいれば、日本人の学生もいて、留学生もいて、いろんな国の方たちがいるっていうので、多文化共生しながら実践コミュニティっていう状況が、理想的にできたのは今年度なのかなと思っています。

西本：そうですね、確かにね。

米徳：その成果として、やはりあれだけのものが、生まれてきたんだろうと捉えています。最初は、ことばとしてはわかると思っていたんですけども、それをやっぱり体現化できたのはすごいなって。こういうことだなって思いましたね。

三代：やっぱり続けていくことがすごく大切だと思うんです。3年続けたから今があるので。そういう意味で、続けていくことでこそできてくるものが、いくつもあって。このメンバーの信頼関係もそうだし、失敗とか課題とかを蓄積して、それを解決していくということもそうなんだろうと思うんですけど。そういう意味では、時間ですよね、時間。実践コミュニティってすぐできるわけじゃない。やっぱりある程度の時間を共有できたから、できたんだろうなっていうのはありますね。だから、3年間でどんな変化があったかといったら、一つは距離が近くなったということ。もう一つは、僕たちがこの授業を通じて共有できているものがあるというのは、大きいのかなっていう気がします。
奈良さんの1年目なんて、このプロジェクト、やりたくないという雰囲気で。どちらかと言うと後ろにいる感じじゃなかったですか。2年目は、人が変わったみたいに（笑）。

奈良：でも1年目は、小川さんからプロジェクトが始まって、西本さんがそれに同調して、2人のプロジェクトという感じはありましたよ。

西本：それで奈良部長も誘ったの。同じムサビ出身だし、演劇もやっていたし。映像に対する知見もあるだろうという部分もあって、お誘いしたんですよ。そしたら、これがはまったわけです。

米徳：誰よりもはまった。

西本：誰よりもはまってしまったというね。だから良かったですよ。さっきの話じゃないですけど、自分ごとになったんだと思いますよ。自分ごとにならないと続かないですよね。

これからの「発信」

米徳：販売促進のためのPR映像という位置付けがあって、そこからスタートしたんだけど、やっていること自体は、いわゆる企業としてのカシオが、教育にどう貢献するかという部分に直結していくだろうなというのは、ずっと思っていました。それを今年、関連部署の皆さんが、社会貢献だよねって言ってくれたのは、ものすごいことだなと思っています。

西本：それは、そうだと思います。

米徳：今オンエアされているCMを見ても、企業のCSR的なCMってあんまり見ない。あっても、CMって枠だと、かっこつけるじゃないですか。その実のところが見えてこないところがあるわけです。先ほど出たように、YouTubeだけではちょっと弱いっていうのは、確かにそうです。だから、これだけ産学共同してきて、意味のあることをやっているという時に、それがどう発信されるかというのは重要だと思っているんですよね。いよいよ次のフェーズに入る状況かなと。
だから、草の根運動じゃないですけども、たとえば小学校とか中学校に、企業の人が呼ばれていくような形をデザインした時には、「カシオってね、大学と連携してこんなことやっているんだよ」って。「多文化共生っていうの、わかる？　みんな」みたいな。

西本：授業としてね。

米徳：そう。そういう感じで入り込んでいって、刷り込んでいくということもあり得るんだろうなと。だから、マスメディアを使ったりするようなメディアの戦略ばかり考えていても駄目かもしれない。

奈良：地道に日本語教育機関とか、そういうところで出張上映会をするとか。で、じわじわ口コミで広まってもらうというのが、うちららしいやり方かもしれない。

米徳：もう一つ、今回の発表会を見て思ったのは、ただ映像を見るだけじゃなくて、議論をする形にできないかってことです。

西本：そこはね、思った。少しでも直接お話しすると違うじゃないですか。

米徳：そうなんですよ。そうすると話をするための基本情報として、映像がある。今は学生がすごいことやったねっていう段階なんだけども、それをもとにして、何か次のフェーズにもっていくために皆さん集まっているんですよねっていう状況になってくると、シンポジウムみたいな形が成立するかもしれません。

産学の経験を今後に

西本：もともと小川さんと、このムサビの活動の3年、4年前からずっと、日本語教育向けの取り組みを、奈良部長も含めてやっていたんです。日本語を学んでいるASEANの学生たちに、日本語を学ぶお手伝いを、うちがやらなくてどこがやるんだっていう思いで、いろいろ頑張ってなんとかやっていたんです。そういう部分がやっぱり根っこにあるんですよね。結構海外行って、現地の学生と会って話したりとか、先生に苦労話とかも聞いていたから、僕はまだ諦めてないんですよ。やっぱりいつかやりたいっていうかね。アプリケーションでもいいし、なんでもいいんだけれども、日本語を学ぶ学生さんが「これいいね、便利だね」って思ってもらえるものを提供したいという思いはありますよね。だけど、つくり手が勝手に想像してつくっちゃうと、たぶん使えないものになっちゃうから。実際につくる段階になったら、たぶん今までつくってきたパイプがすごく生きると思うんですよね。そういう意味で、このプロジェクトの経験が後々活かせるかなと思うんですよね。

奈良：僕はやっぱり、カシオとしてっていうのもあるけど、ムサビのOBとしてもあるし、日本人としてみたいなところも、最初の年からなんとなくあって。日本語を学ぶ楽しさをもっと世界の人に広めていくことに、少しでもお役に立てるんだったら、すごいうれしいなと思います。

西本：もうたぶん、お金じゃないんですよね。吉田さんはこの活動がたぶん一つのきっかけになって、日本語学校に転職しましたから。すごいですよね。

大塚：あと強いて言えば、先々、日本語教育ビジネスで何かをやってこうとなった時に、この業界のことをよく知っているということがすごく大事です。先々そういった展開に、次のフェーズになった時に、いろんな先生方と関係を築き、今から準備しているっていうのは、本音ではあります。

奈良：ビジネスにおいても、社内で言われているのは、モノからコトへ。カシオはメーカーなので、モノづくり中心の企業でした。一方、コトというのは、具体的にはアプリとかサービスとかソリューションのことを指しているんだと思うのですが、そこをつくるノウハウとかマインドが弱いので、これはやばいぞっていうのがずっとあるんですよね。だから、そこにいつまでも苦手意識を持たずに取り組まなければという空気はあります。
しかし、このプロジェクトは、それよりもっと先にあるものを見ているんだと思います。アプリとかサービスとかソリューションじゃなくても、実践的にこの教育ビジネスって考えた時に、教えること自体とか、そのメソッド自体が僕らのビジネスとしてもやる方向の先にあるんじゃないかと考えると、ここはやっぱりやるべきなんじゃないかと思います。

三代：日本語教育の立場から、このプロジェクトの意義を考えると、ことばと専門と社会っていうものが合わさったところで新しい価値が生まれる取り組みなんじゃないかなと思っています。産学連携はしばしばイノベーションということばと一緒に語られますが、その時のイノベーションとは、理系だったら新しい発明をするとか、システムをつくるとか、そういうことを指します。もちろん、言語教育なので、新しい発明はしません。しかし、世の中に新しいコミュニケーションを起こしたり、新しい意味や価値みたいなものを埋め込んでいくことは、これからの日本語教育が担っていかなきゃいけないところだと思っています。その時に日本語教育が、専門の先生や企業と、産学連携という形で取り組んでいくということには、大きな意味があるんだろうと、日本語教育の立場では思っています。

西本：そういう意味では、この産学共同プロジェクトは、大学と企業が共に学んで共に成長できる一つの手段というか、モデルになると考えています。今までの産学連携は、どちらかと言うと企業がスポンサーとしてテーマを出して、学生の成果物に対して評価をする、そういう一方的なやり方が多かったような気がします。それに対して、今やっているやり方はかなり違っていて、やっぱり一緒に学べる、気づける、成長できる。視野が広がるとかね。それがきっと、ものづくりにも反映されていくという気がしています。だから、そういう意味では、もっと多くの人に参加してもらうと、いろんな意味でいい効果、影響が出そうな気がしますけどね。

米徳：産学に限らないことですが、会社の中でも、デザイナーはまた特殊だったりするんですよ。デザイナーだけだとできないけど、エンジニアや営業の人と組んだらできることがある。一つのセクションだとできないことが、お互いの能力を掛け合わせることで、新しい体験とか学びとか成果が上げられます。このことが経験的に学べる、実現できることが、産学のいいところだと僕は思います。

西本：新しいアイデアとか、イノベーションって言ったら大げさですけど、そういうものを思いつくきっかけにはなりそうな気がするんですよ。頭をフラットにするっていうか、ちょっと視野を変えてくれるとか、刺激をもらうとかね。そういう意味ではすごくいいかと思います。

奈良：多文化共生なんて、僕らだけでは全然、テーマとして出てこない。産学にはいろんな学びがありますよね。今の学生ってこうなんだとか、こんなアプリ使うんだとかね。それだけでも学びです。

西本：全部学びですよね。

奈良：だったら、やっぱりこういう商品とかサービスつくらなきゃいけないよね、みたいな。やはり実体験から、本当にリアルな商品像みたいなものが浮かび上がってくる。

大塚：皆さんが言っていることと似ちゃうんですけど、自分ごととして関われるっていうんですかね。学生さんも学ぶし、僕らも学ぶんです。やってもらったものを評価するっていうと、自分ごとになりきってないじゃないですか。そういう産学もあるのかもしれないですけど、だけど今回特にやったものは、結局関わりながら、自分ごととして入れた。そういう意味では、多文化共生も含めて、日本語教育っていうジャンルも含めて、自分ごととして関われる非常に大事なチャンスだと感じました。それがお互い、大学は大学の中だけではなく企業から学ぶ部分もあったり、われわれはわれわれで学校から学ぶ部分があったり、学生の皆さんから学ぶ部分があったりという。それが本当に自分ごととして学べたというのが、体験した感想です。われわれはよく市場調査だとかマーケティングだとか、格好いいことばで言って、アンケートをとったり、いろんなところへヒアリングに行ったりするんですけど、結果だけを見ると、上っ面な情報だけ集めてきて、そこで間違った判断をしたりしてしまうこともあります。やっぱりこうやって自分ごととして一緒に関わっていく中で、本当の中身が見やすくなるというか、いろんなきっかけにも触れるチャンスがあるというか、そういうのはすごく感じますね。そういう意味では、マーケティングの中でもすごく価値のある、われわれとしてはすごくいいチャンスになったのかなと思います。これからも、どんどんこういったものをやっていくべきではないかなと感じています。私は個人的には、産学に参画するのは今回が初めてだったんです。私から見る産学連携って、これがすべてなんですよ。

西本：相当、変わっていると思いますよ（笑）。一緒にやるっていうのがいいですよね。だから成果発表会の時も、いろんな業界の方と、もっといろいろお話しできたら、きっともっと刺激を与えられたり、現実の問題を認識できたりするような機会にもなるんでしょうね。今後は、そういう部分を厚くしていけるといいかなと思います。あと、プロジェクトが終わった後、作品はできたわけで、今後はそれを使って、どういうコミュニケーションをしていくかということ。そこはなんかできるといいですよね。

米徳：うちは大学なので、教育機関なんですよね。その人の学びをサポートすることが教育です。いわゆる教え込むっていうことではなくて。サポートをするために、僕も三代さんもいるし、カシオの人たちもいて。学生も、彼らが学ぶだけかっていうとそうじゃなくて、彼らも私たちの学びをサポートしてくれているという側面もある。そういう関係がフラットにできるというのが、産学の意義なのかと思います。僕ら教員の中で、学校で学ぶということが教育とイコールになっちゃってるんだけど、いや、そうじゃないですよっていうことを体現化できる場所が、この産学じゃないかなと思っています。日本語の授業というのは、教室の中だけでは成立しないんだと三代さんも言いますが、大学の教育もそういうことかなと思います。やっぱり世の中に出る方が、学びは多いわけですよね。この産学は、それをやれる場所だと思います。
また、連携してるのは企業ですから、やはりここで学生が学んだことを、学生が社会人になって、企業で活かすという形をつくっていくことになるんだろうと思うんですよね。その時に、企業の人たちもここで一緒に学んでいるんだという状況がすごく大切だと思うんです。今の社会に課題があるとして、その課題を解決して、この現状をどう変えられるかということをポジティブに考えるのが企業なんだと思います。僕ら教員は、将来そこに入って一緒にやっていける学生を育てたい。となると、やっぱり企業も一緒に変わっていってほしいし、学生の意識もそれにきちっとリンクできるように育てたい。ただ、理想論みたいな形でモラトリアムな中で学生の意識を育てたけど、実際の企業と乖離していて、現実は厳しいですねと学生をガックリさせたくはないんです。今まさにそういう社会的なチェンジが求められる時代になっています。

そういう時に、カシオから、やっぱり社会を変えたいというか、もっと本質的なことを考えたいと思っている人たちが来てくれているので、企業っていうのはこういうものなんだっていうのを、学生はとてもいい形で学べます。答えのない状態、新しい人間の生き方みたいなものを、大学も企業も考えられる場所として産学が機能するというのは、すごく重要だし、それがもっとできるのが、今の私たちの関係だと思っています。

西本：だから、これがどう発展をしていくか、すごく楽しみですよね。私たちの産学も、この3年で変わってきている、どんどん成長している感じがあるので、それがさらにどういうふうに変わっていくのかは楽しみです。

米徳：おもしろいのは、「デザイン思考」は最近の一種のトレンドだったんだけど、それがどこの会社でもなかなか根付かない。それはある種、旧態然とした企業経営理論みたいなものがあるからかもしれません。そこに、今度、「アート思考」っていうことばまで出てきたでしょう？もういろいろなことばがどんどん飛び交っていて、変えたい、変えたいっていう思いがことばに象徴されてくるんだけども、そこにじっくり腰を据えてやれるかどうかっていうところなんですよね。
奈良：デザイン思考は、デザイナーじゃない人たちがよく使いたがることば。
米徳：そうそう。それはデザイナーの思考が有効だからっていうようなことで始まっているはずなんで。デザイナーじゃないですか、皆さんね。
奈良：僕らからすると、当たり前のことをおっしゃっている。
米徳：美大側からすると、当たり前のことが、わりと当たり前じゃないんだなって思うところもあります。だから、もう一歩そのフェーズを発展させて、さらに僕らの社会に対する考え方も更新していく必要があるのかなとも思ったりします。
三代：そういう意味では、デザイン思考も産学連携も、イノベーションのために生まれたことばです。イノベーションと共に語られています。この社会で、今までの価値観っていうものが通用しなくなったというのが大きいと思います。だから、新しい時代ってどういう時代なんだろうとみんなが模索している中で、価値観の異なる学生と、教員と、企業が、共に考えていく。答えは出ないし、すぐに新しいものが生まれるとも思わないけど、それを一緒に探究できる場として、産学連携があればいい。この産学も、そういう場として今後も発展していければと僕は考えています。

第7章

言語教育としての産学共同プロジェクト

1. 産学で取り組むことばの教育

3年間のプロジェクト全体をふりかえって、ここで改めて、産学が連携し、協働でことばの教育に取り組むことの意義について考えたいと思います。

「はじめに」で触れましたが、産学連携による事業は、大きく研究開発を目的としたものと人材育成を目的としたものとに分けられます[1]。先行研究の多くは、大学の研究をイノベーションに活かすことを視野に入れたものです[2]。一方で、人材育成の産学連携は、広義ではインターンシップを含みますが、それを除くと先行研究は限られています。私たちのプロジェクトは、大きな枠組みでは人材育成を目的とした産学連携と言えます。6章の座談会でカシオの方々が、この産学は製品の開発など具体的なモノをつくることを目的としない点でユニークであると述べていました。このプロジェクトでは、産学が協働して、両者共に未知である「多文化共生社会」という新しい価値に続く道を探究します。学生たちの成長を第一におきながらも、同時に、新しい社会につながる新しい価値、つまり「コト」をデザインするための研究開発でもあるというところに、大きな特徴があります。そして、学生たちのコミュニケーション教育の先に新しい社会が広がるということが、ことばの教育を産学連携によって取り組む最大の意義だと私は考えています。

1章で、なぜこの活動が日本語教育なのかについて、言語教育に関するいくつかの理論的背景をもとに述べました。まず、私たちは社会参加の過程の中でことばを学ぶということがあります。そして、その社会参加とは、単に既存の社会に同化していくことではなく、既存の社会を批判的に解釈し、新しい社会をリデザインしていくことを含意していることを指摘しました。さらに、そのようなイノベーションの萌芽を内包するようなことばの学びを実現するためには、私たちはさまざまな境界を越えていく必要があります。

私たちの「にっぽん多文化共生発信プロジェクト」とは、社会参加、その先にある新しい社会の創造をめざし、そこに向けて取り組むことで、メンバーのそれぞれが多様なコミュニケーションを経験的に学ぶプロジェクトであったと言えます。そして、それが実現できるのは、産学連携という枠組みによって複層的に越境が活動に組み込まれているからです。

そこで、本章では、2章から4章までで紹介した活動に即しながら、産学連携によりことばの教育を行う意義について、社会参加、および社会のリデザインという観点と、それを支える越境の観点から論じます。その上で、産学連携によることばの教育が、新しい社会をつくるために貢献できる可能性としてキャリア教育であるという観点から補足したいと思います。

共に社会をつくる

「社会をつくる」と言うと、なんだかとても大げさで怯んでしまいます。もちろん、週1時間の授業を半年やって、社会が劇的に変わるはずがありません。しかし、小さな石礫を一つどこかに積むくらいのことはできる気がします。そういう積み重ねが教育であり、その先に少しでも良い社会や良い未来をめざすのが教育の役割です。

そのような意味で、言語教育は少しでも良いコミュニケーションが社会に実現することに貢献するものでありたいと私（三代）は思います。そう考えた時に、私がいつも思うのは、学ばなければならないのは誰なのかということです。もちろん大学教育である以上、学生の学びを保障しなければなりません。しかし、同時に、私は自分のライフストーリー研究の中で、社会に受け入れられない葛藤を抱える留学生も数多く見てきました。コミュニケーションは双方向的なものです。語る能力の前に、語る権利が必要なのです[3]。ある留学生は、最初のアルバイト先では留学生だという理由でいろいろな情報が与えられず、自分は疎外されていると感じると話してくれました。二つ目のアルバイト先では、自分のためにホワイトボードが設置され、何か仕事でわからないことばに出会うたびに、同僚たちがそのホワイトボードにそのことばを書き込んで、仕事の合間に確認するというルールができました。自分はその職場に受け入れられていると感じ、そこでは自分も発言する権利があると感じることができたそうです。すると日本語もどんどん上達し、職場での信頼関係も深まっていきました。

この事例が示すように、自分の声が届くという実感がコミュニケーションの意思を支えます。国籍や文化に関わらず、そこで生きる人の声に耳を傾けるという文化的土壌をつくることが何よりも大切です。そう考えるならば、言語教育は社会に出て、もっとできることがあると私は思うのです。

私たちのプロジェクトでは国籍や所属に関係なく、全学から学生が集い、そして社会人たちも加わり、コミュニケーションを重ねていきます。立場を超えて、一人ひとりの声を尊重することが活動の基盤にあります。また、取材という活動を通じて、他者の声を聴くということの大切さ、難しさ、そして感動を経験していきます。産学連携を通じ、さまざまな立場の人間が、声を聴くこと、語る権利を尊重し合うことを学び合えれば、それがまずは、社会に新しいコミュニケーションの土壌をつくることにつながります。

もう少し大きな視野で考えてみましょう。昨今、アクティブ・ラーニングの重要性が議論されています。アクティブ・ラーニングのめざすところは、主体的・対話的で深い学びです[4]。その背景の一つとして、過去の知識を蓄積するだけでは未来を切りひらくことはできないという問題意識がありま す。マルチリテラシーズが「教育は新しい意味や価値を創造していくことをめざさなければならない」と主張したように、新しい社会創造が教育の、そして社会の大きな課題として横たわっているのです。その一つの答えとして、何かをつくることを通じた教育としてクリエイティブ・ラーニング[5]なども取り上げられるようになってきました。

産学共同プロジェクトによって、共に社会をつくることをめざした言語教育は、まさにこのようなアクティブ・ラーニング、クリエイティブ・ラーニングとしての言語教育のあり方を社会に投げかける意味を持っていると私は考えています。学生を中心に、しかし学生だけではなく社会全体で、主体的に、対話的に、モノやコトをデザインしていくことを通して、新しい社会をつくっていく。それが、産学共同による言語教育がめざすところなのです。そして、実は、文化的背景や価値観の異なる人々が共に新しい社会をつくっていくという行為こそが、多文化共生社会につながっていくのだと思います。実現した形としての多文化共生社会は何かということを述べることはできません。しかし、異なる他者たちがコミュニケーションを重ねながら、自分たちにとっての多文化共生のあり方を探究することが、まずは多文化共生への道であり、このプロジェクトは、その一つの形を提案していると考えています。

境界を越え、出会う

社会に新しいコミュニケーションをつくりだすためには、言語教育が教室に閉じているだけでは限界があります。学生は教室の外に出かけ、人と出会い、社会を感じる必要があります。チーム〈light〉の学生たちがチョウチョウソーさんに出会い、他人のしあわせのために生きるという生き方を学んだように、出会いこそが学びです。そんな学びにつながる出会いをデザインしていくことが、これからの言語教育では何よりも重要なのです。スキルとしてのコミュニケーションを教えるだけではなく、出会い、経験することで学生それぞれが、自分たちでつかみとっていく学びの場こそがことばの教室です。

出会いとは、一つの越境です。人は、自分という境界を越えて他者と出会います。そこに対話が生まれ、私たちは表現やコミュニケーションについて思考を深めていきます。境界を越えること、つまり越境が学びにつながるのです。(6) 特に、新しい価値や意味を生み出すためには、同じコミュニティの中で技術を高めるだけでは不十分で、個人が価値観の異なるコミュニティに参入したり、コミュニティ全体が異なるコミュニティとの協働に取り組むことが、これからの学習では必要になると言われています。そして、大学をはじめとした教育機関での学習と同様に、企業の研修や企業の開発の領域でも同様の越境の必要性が指摘されるようになっています[7]

産学連携は、大学というコミュニティと、企業というコミュニティが相互に越境することで、相互に新しい学びをつくりだす挑戦であると言えます。大学の教室は、ともすると非常に閉鎖的です。かつてフランスの哲学者フーコーは、学校が監視のシステムとして機能していることを暴露しました[8]。教室はあたかも檻のようです。私たちは、この檻を乗り越え、越境していく必要があります。教室という空間がつくりだす教育の境界を私たちは不断に問い直していかなければなりません。産学共同によって、大学の教室に企業という異質の文化が入ってくること、そして、大学と企業がそれぞれの文化とはさらに異なる外部へ出ていくこと、この何重にも交差する越境が、新しい学びを創造していきます。この越境をどうデザインするかによって、産学連携による言語教育の可能性はよりひらかれていくと思われます。

キャリア教育

産学連携による言語教育は、キャリア教育としての側面を強く持ちます。「キャリア」とは、馬車の轍に語源があります。人生の軌跡こそがキャリアです。その意味で、キャリア教育は、就職支援や職業訓練を超えて、学生がどこから来てどこに行くのかを考えることを目的とした教育です。

一方、前述したように、もともと産学連携の教育的意義は、人材育成にあると言われています。背景にあるのは、企業が求める優秀な人材を、産学が協力して育成するという考え方です。

産学連携による言語教育は、企業との協働によって、社会に出て使用するコミュニケーションを学ぶだけでなく、ロールモデルとしての企業人と接し、時にはその仕事の流儀を学びます。カシオの吉田さんや大塚さんが取材のサポートをしてくれる時、社会人の説明力・交渉力に感嘆し、音声のちょっとしたズレ、字幕のタイミングまで細部にわたり何度もコメントをくれるデザイナーの奈良さんやキムさんにモノづくりの姿勢を学ぶのです。それは、学生たちが、社会におけるコミュニケーションを学ぶだけではなく、社会人として生きるとはどういうことかを学ぶきっかけになっています。

しかし、産学連携による言語教育がキャリア教育で持つ意味はそれだけにとどまりません。経済産業省は、学生が社会に出てから求められる力として「社会人基礎力」を提案しています。[9]「社会人基礎力」は「考え抜く力」、「前に踏み出す力」、「チームで働く力」から構成されています。要約すると、主体的に考え、社会の課題を発見し、周りに働きかけながら行動し、仲間と協力することで、課題を解決していくことができる力です。この「社会人基礎力」がキャリアの基盤になると言われています。これは、まさに、学生たちが本プロジェクトで経験的に学んだことです。多文化共生とは何かを考え、取材に出かけ、チームで作品をつくることを通して、自分たちの想う多文化共生の形を社会に発信していきます。

また、この「社会人基礎力」の根底にあるのが、ことばであり、コミュニケーションです。言語教育は、その本質においてキャリア教育の基盤になるものだと言えるでしょう。ここに、産学連携による人材育成に言語教育が関わる意義があります。

私の専門である日本語教育によせて、もう少しキャリアについて考えたいと思います。日本の少子化や世界的な高度人材獲得競争を受け、日本語教育では、留学生の就職支援が一つの大きな課題になっています。そこで、「グローバル人材」の育成の重要性が叫ばれていますが、実態は、英語学習に力を入れたり、日本語の堪能な留学生が重宝されたりしているのが現状です。もはや「グローバル人材」は実体のないことばと思われますが[10]、一つ言えるのは、多様な言語や文化の価値が尊重される社会が、グローバルに活躍する人たちを育む土壌として必要だということです。1・2年目にプロジェクトに関わったカシオの吉田さんは、中国で長く中国人社員と共に働きました。プロジェクトをふりかえりながら、あの時、ああしていたら、もっとあの社員を支えることができたのではないか、という気づきがたくさんあったと言っていました。吉田さんは、このプロジェクトに参加することで、自身の社内にいる外国人人材とのコミュニケーションのあり方を見直したそうです。この吉田さんの例のように、産学で教育事業として共にプロジェクトに取り組むことで、海外から日本に来ている人材が少しでも活躍しやすいコミュニケーション環境が生まれていけば、それも、また一つのキャリア教育なのではないでしょうか。

就職支援としてのキャリア教育に関して、このプロジェクトに参加した学生たちは、自身のポートフォリオに、このプロジェクトで制作した作品を入れたり、自己アピールとして、このプロジェクトに参加した経験を書いたりしてくれています。すると、このプロジェクトに参加した経験が、コミュニケーション能力の証明として評価されるそうです。数値には還元できない、プロジェクトへの参加経験が、コミュニケーション能力として社会に評価されたという意味で、このことは大変重要だと私は考えています。大学時代の経験自体が学びとして評価され、キャリアにつながっていくということが、理想のキャリア教育のあり方ではないでしょうか。このようなコミュニケーションの経験の意味を積極的に社会にひらいていくためにも、言語教育は、教室を出て、企業や地域と連携し、その学びや新しいコミュニケーション観を社会と共有していくことが必要になっています。

2. 産学連携によって言語教育に取り組むために

私が教育関係者からよく受ける質問は大きく二つあります。一つは、どうすれば企業と連携できるのでしょうか、というものです。もう一つは、どのように企業と連携していけば良いのでしょうかというものです。正直、ケースバイケースであり、状況に依存しているところが大きいように思いますが、このプロジェクトを通して、私たちが経験的に学んだことをもとに、産学連携で言語教育をはじめとした教育実践に取り組む際に求められることや、取り組む際に意識すべきだと思われることについてまとめます。

種を撒くこと

社会の中でことばを学んでいくという考え方は、言語教育の中で一定のコンセンサスを得られるようになってきました。地域や企業と連携しながら言語教育を行っていきたいと考える言語教師は、以前よりずっと多くなりました。自治体、地域の商店街などと連携したユニークかつ有意義な実践も数多く行われています。

一方で、地域や企業と連携した実践を行いたいがパートナーが見つからないという相談や、どうやって連携相手を見つけたら良いかという質問をよく受けるようになりました。

1章で述べたように、このプロジェクトはカシオの小川さんから声をかけられて始まりました。私から積極的に声をかけて始まったプロジェクトではありません。そのため、産学のパートナーをどうやったら見つけることができるのかという相談にすぐに答えることはできないのですが、いくつかのアドバイスならばできそうです。

まず、種を撒くこと、です。しっかり種を撒いていれば、やがて芽が出て花が咲きます。当たり前ですが、できることをしっかりやって、それを公開・発信していくことです。そうすれば、志を同じくする人とどこかできっと出会います。もともと私は、公共CMをつくるという実践を3年間やっていました。それを学会で発表したところ、小川さんの目にとまって歯車が動き出したのです。それは偶然と言えば偶然です。しかし、私の中には、いつか産学連携によってこの実践を発展させられるという予感はずっとありました。ただ、その予感は具体的なビジョンにはなっていませんでした。基本的に、私は、このプロジェクトだけでなく、企業や自治体など学外の組織と連携する時は、自分のできることをやり、それを発信し、あとは待つというスタンスでやってきました。

もちろん、これが正解なのかはわかりません。自分から手を挙げて、この指とまれで仲間を募るという方法で、ぐいぐいとプロジェクトを推進していくカリスマ的な人もいます。しかし私のような一般的な言語教師でも産学共同プロジェクトに取り組めるということが、実はとても重要だと思うのです。そうでなければ、実践は広がっていかず、社会も変わっていかないからです。

だとしたら、まず自分ができる範囲で一番いいと思う実践を精一杯して、それを組織内の研修で話したり、学会で発表したり、少しでも公開していくことです。研究会や学会のようなオフィシャルな場で発信することも重要ですが、結構、プライベートな場で「つぶやく」ことも有効です。友人との会食の時に、こういうことやってるんだ、もっとこうなったらいいんだけど、みたいなことを意識的に話すと、それがどこからか広がり、声がかかることもあります。ＳＮＳなどを通じた発信がきっかけで生まれたプロジェクトもあります。複数の回線で情報を発信して、あとは声がかかるのを待つということを気長に続けていくと、意外にいろいろなプロジェクトが生まれてきます。

声を聴くこと

種を撒くことと表裏の関係ですが、声を聴くということも大切にしています。私は初めて地方の大学に専任教員として赴任した当初、社会と連携しながら言語教育を行いたいと学内のスタッフや地域の人々に呼びかけ、協力を求めました。しかし、二つの点で失敗しました。

一つは、自分自身が新参者として新しい職場と地域に参加する中で、人間関係が十分に築けず、ステークホルダー（利害関係者）が誰なのかなどを理解できていない状況で動いてしまったことです。一つ例を挙げると、留学生と日本人学生の交流が非常に限定的になっている状況を変えようと思い、交流サークルの立ち上げを準備しました。留学生担当の事務職員と協力し、学長の合意も取り付け、場所も確保し、サークルへの参加を希望した学生たちと準備を進めていました。しかし、いざ始めようとした時、肝心の場所を前々から使いたいと考えていた部署から強い抗議を受け、計画は頓挫してしまいました。ノックもせずにドアを蹴り開けて入ってきた、顔も知らない職員の方に怒鳴りつけられた時は、さすがに唖然とし、すごい大学に来てしまったと思いました。しかし、今になれば、やはり私の配慮が足りなかったと反省しています。組織内の協力を仰ぎたければ、まずは自分がその組織のメンバーとして十全に参加し、メンバーシップを得なければならないという、当然のことをこの経験から実感を伴って学ぶことができました。

もう一つは、自治体などに教育目的で協力を仰ぐ場合、相手がそのプロジェクトに協力する意義を明確にしておかなければならないということです。これは学生にとって有意義だから、というこちらのメリットや教育という大義名分を押し付けたり、これは理念的には地域社会にとっていいことだからというような曖昧な形で協力を取り付けてしまうと、あとが大変になります。私の場合、そういう形でプロジェクトを始めてしまうと、相手の負担が気になり、プロジェクトの運営自体がギクシャクしてしまいます。

私はできるだけ自分から足を運び、相手の話を聴き、相手のニーズがわかったところで、だったら、こういうことを一緒にやりませんかと提案するようにしています。自分のことを語ることも大切ですが、それ以上に相手の声をしっかり聴くということを意識していると、もしかしたら、産学をはじめとした社会連携の種は、そこら中に落ちているのかもしれません。

自分の強みを知ること

相手の声を聴き、共に何ができるかを一緒に考えていく。このことが成立するためには、自分に何ができるのかということをよく理解していなければなりません。私は何もできません、何ができるかわかりませんが、一緒に何かやってくれませんか、と頼まれて、積極的に協働しようという人はまれだと思います。

よく本書のプロジェクトやそれ以外に私がムサビで携わっているプロジェクトについて、それってムサビだからできたんじゃないですか、という質問をいただきます。確かにこのプロジェクトは、美大の特性を活かしたプロジェクトです。その意味で、美大だから実現したプロジェクトです。しかし、そもそもどんな教育機関でも、学生や環境の特性を踏まえた上で、教育実践は企画されるべきです。産学連携や地域連携の実践は、連携する企業や自治体の特性やニーズも大きく実践に影響を与えます。つまり、プロジェクトは、どれも唯一無二のプロジェクトであるということです。だからこそ、こうすればプロジェクトはうまくいくというマニュアル化はできないのです。

重要なことは、プロジェクトを企画する人は、自分の所属する組織の中で自分に何ができるのかを理解することだと思います。それが強みとなります。日本語教育の専門家という眼差しから留学生の現状を理解し、どのような日本語教育が必要なのかを提案する力が、日本語教師の強みです。この強みを活かすためには、日本語教育の専門性を高めると同時に、自分の所属する大学で学ぶ留学生が何のために学んでいるのか、どんな課題を抱えているのかということに、常に耳を澄ませている必要があります。学内で、この大学の日本語教育については、留学生については、日本語教育の専門家に相談しようという空気をつくっていくことが、プロジェクトを育む土壌となっていきます。

自分の弱みを知ること

産学連携のような、他者との協働によるプロジェクトをベースにした教育を企画する場合、自分の強みを知ると同時に、自分には何ができないのかを知っていることも大切です。すべて自分でやってしまうスーパーマンに教師がなる必要はありません。むしろ自分にできないことが、誰かと協力することでできるようになるということがおもしろいのです。学生にも協働について学んでほしいと思うのなら、まず自分がこの協働の醍醐味を味わっておかなければならないでしょう。

私は、まず、どういうプロジェクトを教育活動として行うことが理想かということから考えます。

そして、その活動を実現するために、自分に不足しているものは何かを考えます。それが明確になれば、その不足を補うためにどのような人に協力を仰げばいいのかも見えてきます。たとえば、社会に映像とことばでメッセージを発信するプロジェクトがやりたいと私は考えました。しかし、私には映像の編集を指導する技術がありません。それなら、米徳さんに相談してみようという具合です。

理想と現実の間を埋めるための協働を考えながら、実践を企画すると、いろいろおもしろいアイデアが出てきますし、実践も社会へとひらかれていくと思います。

ゆっくりと目線を合わせていくこと

ここは意見が分かれるところかもしれませんが、私はプロジェクトを行う時、最初に厳密に教育目標を共有しようとは思いません。日本語教師同士でカリキュラム改革を行う場合など、ある程度最初から共通の言語でものを語れる状況の時は、しっかりとした目標や理念を共有することが効果的かもしれません。しかし、専門も、プロジェクトに対する想いも、そこに力を注ぐ動機も、最初は立場によって異なります。抽象的なことばで理念を語っても、それがどこまで共有されるのか定かではありません。連携する企業の方に、日本語教育とはこうあるべきだという議論を無理強いすることはできません。むしろ、プロジェクトを通じて、日本語教育や多文化共生について企業の方にも考えてもらうことができたなら、それが、産学連携でことばの教育に取り組む一つの意義だと思います。

抽象的なことばよりも、具体的な経験が核にあるべきです。具体的な経験を共有しながら、それを核として共同体を立ち上げていくことがプロジェクトの肝だと思います。具体的な経験について血の通った議論を重ねながら、徐々に抽象的な理念をつくっていくことが重要です。

そのためには、教育者は教育理念をメンバーに押し付けないことです。よく、高らかに教育理念を掲げて、プロジェクトを走らせ、周りがついていけなくなる、というのを目にします。プロジェクトは一つの共同体です。共同体の理念は、共同体の中から立ち上げていくものだと思います。

そこで、重要なのは、ふりかえりの時間と言語化です。学生たちの学びを保障するためにふりかえりを行い、経験を言語化することがとても大切ですが、それはプロジェクトを運営するスタッフにとっても同様です。定期的にふりかえりを行い、言語化することで、徐々に目線を合わせ、プロジェクトの意義を共有していくことが、プロジェクトを発展させていくためには重要になります。

発信を続けること

ふりかえりを行い言語化するために、プロジェクトについて発信することも重要です。なぜなら、発信するという前提があることで、より深くふりかえりを行い、言語化することができるからです。たとえば、学会で報告するとなれば、より体系的にふりかえりを行い、実践を分析的な視点で言語化する動機づけになります。強いて言えば、本書の企画をいただいた時も、プロジェクトについて言語化し、発信するいいチャンスだという思いがありました。座談会でも、カシオのメンバーや米徳さんとじっくり議論することで、今後のプロジェクトの発展につながるようなアイデアがいくつも生まれました。

　発信をするということは、プロジェクトを社会にひらくことです（写真7－1）。自分たちのことばをつくっていくことは実践を理解する上で必要ですが、それが閉じられた共同体のみで行われると徐々に独りよがりになっていきます。最初は、自分たちだけでも異なることばをすり合わせていくような作業が多いためふりかえりも有効ですが、徐々に共通のことばが増えてくると、それが共同体の外では価値を持たないことばになってしまう危険があります。だからこそ、共同体は常に外部にひらかれていなければなりません。共同体を発展的に維持するためには、そのシステムに越境を取り込んでいくことが重要です。共同体の実践を外部に見えるようにし、フィードバックをもらうことで、ふりかえりはより充実したものになるでしょう。

写真7-1．本プロジェクトの活動をまとめた報告書

伝えるということ

発信し、自分たちの考えや取り組みを伝えるということは、非常に困難です。どうすれば、伝えられるのか。これは、言語教育としての産学連携において、常に底に響いている問題かもしれません。伝えるという点において、少し違う角度から述べると、私は私が考えるプロジェクトの意義や私自身が考える多文化共生については、できるだけ学生に伝えるようになりました。

皮肉ではありますが、言語教育の関係者と話していると、教員間では教育目的や教育観をしっかり議論し共有することを奨励する人が多い一方で、学生には自分の教育観をあまり言わないという方も結構います。もちろん学生に自分の教育観を押し付けることはできないですし、こちらの意図を示すことで、それに学生がただ合わせるという形になってしまうという危惧もわかります。しかし、私は、バランス感覚としては、教師や協力者などの目線はゆっくり合わせることを意識しつつ、学生には、正直に自分の考えを伝える方がいいような気がします。特にプロジェクトでは、学生をコントロールするのではなく、学生もメンバーの一員、共に学んでいく存在として位置付けることが必要です。本プロジェクトにおいても、実際、学生たちがこのプロジェクト自体を成長させてくれたり、学生たちから私たちが学ぶことの方が多かったです。

プロジェクトでは、進むべき方向だけがなんとなく見えていて、ゴールは明確ではない場合もあります。教師にできることは、こっちに向かって進みたいんだという方向と、なぜその方向なのかを学生に伝えることだけです。そして、なぜその方向に進みたいのかということを丁寧に学生に伝えることが必要です。そうすることで、学生たちは、教師が思ったより遠くに進んでくれたり、いや、それよりもこっちに行きたいんだと言ってくれたりします。そういうプロセスの中で方向を修正しながら進んでいくのが、プロジェクトの楽しみだったりもします。

問い続けること

最後に、プロジェクトを行う上で最も大切だと私が考えているのは、問い続けるということです。プロジェクトに基づいた教育実践の最もおもしろいことは、教師が答えを持っていないということです。一緒に新しい価値をつくる、この目標に向かって共に歩むことができるということは、とてもわくわくすることです。

教師として神のような視点から何かを学ばせようとコントロールするのではなく、共に実践し、それをふりかえり、学んでいく。学びはそれぞれ違っていて構わないのです。教師も一人の人間として、考えていること、感じていることを素直に話し、相手の声を聴き、一緒に議論していければいい。それはたぶん、民主主義の基盤であり、私たちが語ることの権利、すなわち自由を保障する教育の根幹になると私は信じています。

そして、今ない答えを求めて、常に問いを発していくことです。そのことにより、今より少しでもいい実践へと進んでいくことができます。これでいいと思ってしまった時から、衰退が始まります。

現状維持はできません。その意味で最後は、プロジェクトを続けていく決意こそがプロジェクトを支えるのだと思います。

注)

(1)清成忠男(2000)「産学連携:意義と限界」『組織科学』34(1)、4-11.

(2)渡辺孝編(2008)『アカデミック・イノベーション:産学連携とスタートアップス創出』白桃書房

(3)三代純平(2011)「「場」としての日本語教室の意味:「話す権利」の保障という意義と課題」細川英雄編『言語教育とアイデンティティ:ことばの教育実践とその可能性』春風社、pp. 75-97.

(4)溝上慎一(2014)『アクティブラーニングと教授学習パラダイムの転換』東信堂

(5)井庭崇編(2019)『クリエイティブ・ラーニング:創造社会の学びと教育』慶應義塾大学出版会

(6)香川秀太・青山征彦編(2015)『越境する対話と学び:異質な人・組織・コミュニティをつなぐ』新曜社

(7)石川恒貴(2018)『越境的学習のメカニズム:実践共同体を往還しキャリア構築するナレッジ・ブローカーの実像』福村出版

(8)フーコー・M、田村俶訳(1977)『監獄の誕生:監視と処罰』新潮社

(9)経済産業省(2007)『「社会人基礎力」育成のススメ:社会人基礎力育成プログラムの普及を目指して』経済産業省

(10)三代純平(2015)「「グローバル人材」になるということ:モデル・ストーリーを内面化することのジレンマ」三代純平編『日本語教育学としてのライフストーリー:語りを聞き、書くということ』くろしお出版、pp. 112-138.

おわりに

　本書の執筆と並行して、私たちは4年目の産学共同プロジェクトに取り組んでいました。新型コロナウイルスの影響ですべてが変わってしまった２０２０年度が始まった時、私はこのプロジェクトをもう続けることはできないのではないかと考えていました。オンライン授業をはじめ異例続きの事態への対応に追われ、プロジェクトと向き合う心の余裕もなかったように思います。しかし、米徳さんをはじめほかのプロジェクトのメンバーから、プロジェクトの形を変えても、この状況の中でできることをやろうと言ってもらいました。コロナ禍の中、初めて前向きな気持ちになれた瞬間でした。

　打ち合わせを重ね、ドキュメンタリー映像を制作する代わりに、オンライン・イベントを企画・実施することになりました。6章の座談会を収録している時に、成果発表会自体が大きな学びになっている実感が共有され、参加者との対話をもっと積極的に取り入れることで発表会がより有意義な場になるのではないかという話で盛り上がったことが背景にあります。そこで、多文化を背景とする方たちに語り手として参加していただき、その経験を語っていただいた後、参加者が語り手と対話するという参加型のイベントの開催をめざしました。

　まず、学生たちは、オンラインで語り手の方に取材しました。そして「その取材を通じて自分たちが考えた多文化共生とは何か」、「当日、語り手には何を話してもらうのか」などを繰り返し、議論しました。映像というメディアがなくなり、その代わりに当日の対話の場が一つの作品となることで、準備段階におけることばの重要性が際立ちました。学生たちのことばが取材を重ねるうちに磨かれていくのを肌で感じました。

イベントのタイトルは「私の歩いてきた道：多文化共生への対話」と決まりました。「隣人の本棚」という案から議論を重ねました。本棚は、本イベントがヒューマンライブラリーというイベントから着想を得ていることから出された比喩ですが、そのことを知らない人には伝わらないとなりました。また、最初は「隣人」ということばに多文化を身近に感じてほしいという思いを込めていましたが、どこか他人ごとに感じるという意見が出ました。そこで「私たち」という案が出ました。今度はそれに対し、主語はできるだけ小さくして、自分の問題としてほしいとある学生が言いました。そこで「私」に落ち着きました。英語より日本語の授業の方が楽だと思ったとオリエンテーションで履修動機を語った日本人学生は、イベントの主旨文をつくる時、「多文化共生」ということばを使わないで表現したいと、まるで届きそうで届かないことばを探るように語っていました。オンラインで十分に時間もとれませんでしたが、3ヵ月のプロジェクトを通じてこんなやりとりができるところまで来ることができたことに大変勇気づけられました。

2021年1月23日、イベントが開催されました。5人の語り手にそれぞれ5人の参加者、学生とカシオのスタッフが対話に没頭しました。現在、イベントのふりかえりを学生たちが報告書にまとめている最中です。そして、今年も米徳ゼミがプロジェクトのドキュメンタリーを編集しています。本書と共に、4年目の成果も、プロジェクトのWEBサイトからご覧いただければ幸いです。

本書の7章でも述べましたが、産学連携をはじめとした社会連携の中でことばの教育を行う上でとても重要なことは、「続けること」です。実践し、ふりかえり、より良い実践を企画し、挑戦する、その不断の営みの中で、私たちは学び合うことができるのだと思います。参加する学生たちは、毎年変わっていきます。またカシオから参加するメンバーも少しずつ替わっています。4年目も新たな仲間が加わりました。前年度の経験が蓄積され、受け継がれ、より良いプロジェクトになってきていると実感しています。これまでのドキュメンタリー制作の経験と新しいイベント開催の経験が統合され、さらにこのプロジェクトが羽ばたいていくという予感に私たちはすでにわくわくしています。本書を通じてそのようなわくわくが読者の方と少しでも共有でき、少しでも社会連携によることばの教育に希望が見られたなら、編者として本当にうれしく思います。

本書執筆にあたり、多くの方にお世話になりました。取材に快く応じてくださり、プロジェクトにご協力いただいた方々に厚く御礼申し上げます。また本書の企画を提案くださり、一緒に本づくりをしてくださったくろしお出版の坂本麻美さんに心より感謝申し上げます。

最後に、4年間の産学共同プロジェクトに参加したすべての学生たちに感謝と敬意を表します。先日のイベント後に学生たちが今思う多文化共生について語ってくれました。このプロジェクトの本質を述べていると思います。敬意を込めて、そのことばで本書を閉じたいと思います。

「相手のことをもっと知りたいと思うこと」

２０２１年１月26日　三代純平

［編者紹介］

三代純平（みよ・じゅんぺい）

武蔵野美術大学言語文化研究室准教授。博士（日本語教育学）。仁川外国語高等学校、徳山大学等を経て、2013年より現職。専門は、日本語教育におけるライフストーリー研究、実践研究。主著に、『日本語教育のフロンティア：学習者主体と協働』（2007年、くろしお出版、共著）、『実践研究は何をめざすか：日本語教育における実践研究の意味と可能性』（2014年、ココ出版、共編）、『日本語教育学のデザイン：その地と図を描く』（2015年、凡人社、共著）、『日本語教育学としてのライフストーリー：語りを聞き、書くということ』（2015年、くろしお出版、共著）など。U-CAN「日本語教師養成講座」監修。2017年度日本語教育学会奨励賞受賞。

米徳信一（よねとく・しんいち）

武蔵野美術大学造形学部芸術文化学科教授。映像制作会社勤務、武蔵野美術大学非常勤講師を経て、1999年芸術文化学科着任、2009年より現職。専門は、ビジュアルコミュニケーションにおける映像デザイン、映像文化研究と実践。主著に、『美術教育の題材開発』（2014年、武蔵野美術大学出版局、共著）、『美術の授業のつくりかた』（2020年、武蔵野美術大学出版局、共著）など。

産学連携でつくる多文化共生

カシオとムサビがデザインする日本語教育

2021年3月31日　　初版第1刷発行

編　者　三代純平・米徳信一

発行人　岡野秀夫

発行所　株式会社　くろしお出版

〒102-0084　東京都千代田区二番町4-3
TEL:03-6261-2867　FAX:03-6261-2879
URL:http://www.9640.jp　e-mail:kurosio@9640.jp

印刷所　藤原印刷株式会社

本文デザイン　竹内宏和（藤原印刷株式会社）

イラスト・装丁　米徳信一

ISBN 978-4-87424-853-9　C0081